시 골 집 예 수 마 을 카 페 에 세 이

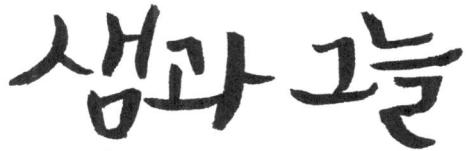
샘과 그늘

이 규 정

시 골 집 예 수 마 을 카 페 에 세 이

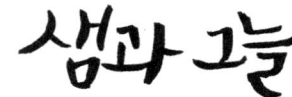

초판 1쇄 발행 2018년 1월 29일
저 자 이 규 정
발행처 도서출판 지혜로운
출판등록 2011년 11월 10일 제327-2011-08호
주 소 부산광역시 동구 수정중로 38번길 8
연락처 010.2650.8744
이메일 ssaljuk@nate.com

ⓒ 이규정, 2018 ISBN 979-11-86247-01-3

시 골 집 예 수 마 을 카 페 에 세 이

샘과 그늘

이 규 정

지혜로운 books of wisdom

차례 Contents

우물이 있는 시골집에서
하나님 나라 이야기를 쓰다

실낙원이 없었더라면 성경도 없었을 것이다.
성경의 총 주제(theme)는 '낙원'이라는 뜻이다.
낙원, 실낙원 그리고 복낙원의 이야기가 성경이기에 그런 것이고
성경을 구원 이야기라고 하는 까닭도 거기에 있다.

그런데 그 낙원이라는 곳, 어떤 곳이기에 그런 것일까?
에덴동산을 들여다보면 답이 나온다.

그곳엔 왕과 백성과 영토와 법이 있었다.
곧 '나라'였다. 일컬어 '하나님 나라'.
처음 낙원인 에덴이 그 '하나님 나라'였고(창2장)
나중 낙원인 새 예루살렘도 그 '하나님 나라'다(계21,22장).

그런데 에덴에 세워졌던 그 처음 나라가

처음 백성인 아담의 실족으로 위기를 맞이했고

그래서 쫓겨나야 했고

그런 그들 등 뒤로 문빗장이 걸어 닫혔고

에덴 바깥의 지옥을 살기 시작했다.

뱀 같은 사단의 말을 들은 탓이었다.

그러나 그 나락(奈落)과 괴리(乖離)의 순간,

왕이신 하나님께선 그들을 그냥 내보내지 않으셨다.

그 나라의 복원을 말씀하셨고

그렇게 구원을 약속하셨고 희망을 주셨다(창3:15).

그리고 그 약속을 이뤄나가셨다,

택하신 한 백성을 통해 구원자, 곧 메시아이신 예수를 보내셨고(요3:16)

그가 바로 하나님이 약속하신 낙원인 '하나님 나라'로 복귀하는

그 길(The way)이었고, 그 진리(The truth)였고, 그 생명(The life)이셨다.

그 분께서 말씀하셨다.

수고하고 무거운 짐진 자들아 다 내게로 오라
내가 너희를 쉬게 하리라(마11:28)

그 음성을 듣고 온 사람들에게

그 나라가 다시 주어지기 시작했다.

먼저는 구원으로,

그 다음은 거룩하게 만드심으로,

마지막엔 영원한 영광으로,

그러는 동안 위로와 격려와 치유와 소생의 동행하심으로.

성경엔 이 이야기들로 가득하다.

그 이야기들을

우물이 있는 이 시골집에서 하나씩 풀어 적어 이 책을 썼다.

우리 교회 상량식 때

본당 천장 안 대들보에 써놓은 성구가 있다.

이는 여호와의 영광의 구름이 여호와의 전에 가득함이었더라(왕상8:11)

솔로몬 성전이 완공되어 봉헌될 때

제사장들이 그 영광의 구름의 무게로 인하여

감히 일어서지 못했던 일을 기록한 내용이고

그런 교회가 되기를 바라서였다.

이 책을 감히 서서 드릴 수도 없는

그 영광의 하나님께 먼저 드린다.
그 다음으로 하나님의 포도원에 부름받은 일꾼들처럼
우리 교회 개척 때부터 함께 했던 성도들과
나중 온 성도 모두에게 이 책을 드린다.

끝으로,
결혼 후 사회 20년, 목회 20년 그리고 은퇴 후
지금 장애에 시달리고 있는 아내에게
그 동안 함께 십자가를 져줘서 고맙다고
그래서 이제는 내가 당신의 고통에
함께할 수 있어 다행이라고 이 책을 드린다.

은퇴 후의 삶이
예수께서 가신 '비아 돌로로사'
곧 슬픔의 길인 갈보리 언덕길이건만
십자가 없이 올라가는
등산길이 될 뻔 했기 때문이다.

시골집 예수마을카페 이규정목사

요셉으로부터

다윗의 자손 요셉아
네 아내 마리아 데려오기를 무서워 말라
저에게 잉태된 자는 성령으로 된 것이라(마1:20)

2012년 프랑스에 올랑도정권이 들어섰을 때 이야기이다. 그때 내각에 한
국계 입양인 출신 플뢰르 펠르랭(38, Fleur PELLERIN, 한국명 김종숙)이
중소기업, 디지털경제장관으로 입각되었고 국내 언론 등에서 이를 '반가
운 소식'이라고 자랑스러워했다. 그런데 5년 후인 2017년 '한국 입양아
34세 의사 프랑스 정계 화려한 데뷔'라는 제목으로 2012년도 데자뷰 기
사가 나왔다. 스위스 리히텐슈타인 지역구의원 조아킴 송 포르제가 그 인
물이다. 우리 언론은 두 사람 다 한국인의 DNA를 받아 그런 거라고 자랑
했지만 사실상 많이 부끄러운 일이다.

두 사람 모두 태어난 지 몇 일 만에 강보에 싸여 서울 어느 길가에 버려
졌다고 한다. 그러다 프랑스로 입양되었고 좋은 양부모를 만나 그렇게 길
러진 모양이다. 그들이 그렇게 자라기까지 우리가 한 거라곤 그들을 버리

고 못본 체 한 것밖에 없다. 그들의 생명을 지키고 길러 삶을 열어준 건 그들을 입양한 양부모들이었다.

유대 베들레헴의 한 작은 마구간에서 10대 소녀에 의해 태어난 예수, 우리라면 원치 않는 출산이라고 길가에 버렸을지도 모를 일이다. 예수의 모친 마리아의 정혼자였던 목수 요셉도 잠시 그런 생각을 했을 수 있는 일이기에 해보는 말이다.

그 남편 요셉은 의로운 사람이라
저를 드러내지 아니하고 가만히 끊고자 하여 이 일을 생각할 때…(마1:19)

열여섯의 정혼녀 마리아의 배가 까닭없이 불러옴을 보고 요셉은 배신과 분노를 느꼈을 것이다. 그러나 그는 진상을 공개함으로 잔인한 정의의 보복을 택하지 않았고 면피를 택하지도 않았다. 그저 조용히 처리하려 했다. 그에겐 곤경에 처한 사람을 최소한 부끄럽게 하지 않으려는 의로움이 있었던 것이다. 그렇게 고민하고 있던 그에게 하나님께서 찾아오셔서 말씀하셨다.

다윗의 자손 요셉아 네 아내 마리아 데려오기를 무서워 말라
저에게 잉태된 자는 성령으로 된 것이라
아들을 낳으리니 이름을 예수라 하라
이는 그가 자기 백성을
저희 죄에서 구원할 자이심이라 하니라(마1:20,21)

마리아의 복중의 아이는 성령으로 잉태된 하나님의 아들이라는 것이고 너는 그 아들의 육신의 아비가 되라는 말씀이었다. 곧 하나님의 아들인 예수를 그의 아들로 입양하라는 것이었다.

그러나 말이다. 그것은 정말 하기 싫은 일이었을 것이란 생각이 든다. 마리아의 뱃속 아이가 법적 정혼자인 요셉의 아이가 아닌 것이 알려지면 마리아는 율법으로 사형이었기 때문이기도 했고(신22:23,24) 그것을 피할 방법은 그 아이가 자신의 아이인 것처럼 하는 것이었지만 정작 문제는 요셉 자신도 그 아이가 성령으로 잉태되었다는 말이 믿기 어려웠을 것이기 때문이다. 진퇴양난이었고 남다른 결단이 필요했을 게다.

그러자 하나님께서 요셉에게 마리아 데려오기를 두려워 말라시며 재촉하셨다. 무엇을 의미할까? 세상이 주는 두려움을 택하든 하나님의 말씀을 택하든 둘 중 하나를 택하라는 말씀이다. 곧 믿음을 택할지 의심스런 현실을 택할지의 요구인 것이다. 두려움은 희망을 도적질하는 믿음의 적이다. 성경은 믿음을 순종으로 정의하기도 하고 또 순종을 믿음으로 정의하기도 한다. 동전의 양면처럼 말이다. 동전은 양면이 있어야 그 가치를 인정받는다. 한 쪽만 있어서는 곧 어느 한 쪽이 없으면 다 없는 것이다. 곧 믿음은 '믿습니다'와 '순종하겠습니다'의 합성어인 것이다.

또한 믿음은 본질적으로 맹목적(blind faith)인 것이 그 특징이다. 그렇게 요셉은 그 말씀을 믿었고 임신 중인 마리아를 데려와 결혼함으로써 순종했다.

그렇게 예수의 나라를 위해 자신의 생애를 바치기 시작했다. 프랑스의 의로운 양부모들처럼 먹이고 입히고 키우고 가르치고 했다. 예수가 하늘로부터 온 생명의 씨앗이라면 마리아는 그것을 발아시킨 대지이고 요셉은 겨자씨보다 더 작은 그 생명을 세상을 덮을 만큼 큰 나무가 되기까지 키운 그 나라의 성실한 농부였다.

하나님 나라 백성의 첫 번째 덕목은 순종이었다. 아담에 의해 가장 먼저 버려졌던 덕목이 그것이었기에 그런 것이다. 때문에 다시금 세워지는 예수의 나라는 요셉과 같은 순종의 사람으로 시작해야 하고 차지가 되어야 한다. 예수께서 그렇게 약속하셨다.

내 아버지께 복 받을 자들이어
창세로부터 너희를 위하여 예비된 나라를 상속하라.
너희가 여기 내 형제 중에
지극히 작은 자 하나에게 한 것이
곧 내게 한 것이니라(마25:34,40)

그래서인가? 예수나라 이야기의 시작인 마태복음은 마리아가 아닌 요셉의 이야기로부터 시작하고 있다.

별

우리가 동방에서 그의 별을 보고(마2:2)

죽는 날까지 하늘을 우러러
한 점 부끄럼이 없기를
잎새에 이는 바람에도 나는 괴로워했다
별을 노래하는 마음으로
모든 죽어가는 것을 사랑해야지
그리고 나한테 주어진 길을 걸어가야겠다
오늘 밤에도 별이 바람에 스치운다

－윤동주의 서시

별을 보고 메시아를 찾은 동방박사들은 시인들이었을까, 천문학자들이 었을까? 행성의 움직임에 대해서 잘 알지만 별의 아름다움은 느끼지 못할 수도 있고 모든 운율의 규칙들에 정통하면서도 시의 매력에는 무관심할 수도 있다. 그들은 2,000km 이상을 걸어왔고 왕이신 예수를 만났다. 그런데 말이다. 불과 30여km만 걸어가면 그 왕을 만날 수 있는 사람들이 있었다. 그 왕이 예루살렘에서 가까운 베들레헴에서 태어나리라는 것도 알고 있었고 그에 관한 한 전문가들이었다. 그럼에도 불구하고 그들의 지식은 왕이신 예수를 만나는 데 무용지물이었다. 그들은 누구였던가? 유대의 대제사장들과 서기관들이었다.

이를 두고 "전문가의 무지"라고 한다. 인도선교사 썬다싱의 식물학자 친구에게도 그런 일이 있었다고 한다. 그는 수선화라는 식물에 대해서라면 뭐든 설명할 수 있었고 수선화의 모습을 정확하게 그려낼 수도 있는 사람이었는데 언젠가 살아 있는 수선화를 선물로 받고는 그 꽃이 수선화라는 걸 전혀 몰랐다고 한다. 그는 자라고 있는 수선화는 한번도 본 적이 없었기 때문이다. 그는 뛰어난 식물학자였으며 자신이 선택한 분야의 전문가였다. 식물의 모든 속(屬)과 목(目)을 알고 있었으며 그 서식지에 대해서도 정통한 사람이었다. 그러나 그는 수선화의 가장 중요한 특성 곧 우리의 냉랭한 마음을 움직여서 그 아름다운 모습을 보고 감동하도록 만드는 특성에 대해서는 평범한 소녀보다도 더 무지했던 것이다.

셰익스피어를 세밀히 연구하여 어떤 희곡이 초기작인지 후기작인지 구분할 수 있는 영문학자일지라도 셰익스피어의 문학성이 주는 감동에 대해서는 전혀 모를 수도 있다.

오경 연구의 문제점에 대해서 토론을 벌일 만한 지식이 있고 공관복음서들의 관계에 대한 모든 연구 결과에도 정통한 성경학자라 하더라도 그의 마음속에는 믿는 이에게 확신을 주고 삶을 변화시키는 능력 있는 살아 계신 하나님의 말씀으로서의 성경이 여전히 봉인된 책으로 남아 있을 수 있는 것이다.

대제사장과 서기관들은 메시아에 관한 전문가들이었다. 메시아에 관한 교리에 대해서 해박한 지식을 가지고 있는 사람들이었다. 모든 사람들이 심지어는 동방박사들까지도 그들이 메시아에 대해서 모든 것을 알고 있다고 인정했다. 그렇게 그들은 열정을 가지고 밤낮으로 구약 성경을 연구하는 사람들이었지만 정작 메시아가 오셨을 때는 알아보지 못했다.

이유가 뭘까? 별을 찾는 삶이 아니었고 책만 보는 삶이었다. 그래서 밤하늘을 보지 않았다. 그런 점이 동방박사들과는 달랐다. 동방박사들은 고대로부터 중근동에 전해져 내려오는 예언서도 읽어 보았고 밤하늘을 보며 별 살피기를 게을리 하지 않았다. 그들이 "우리가 동방에서 그의 별을 보고 왔노라"고 한 말이 그 증거이다.

헤롯 왕 때에
예수께서 유대 베들레헴에서 나시매
동방으로부터 박사들이 예루살렘에 이르러 말하되
유대인의 왕으로 나신 이가 어디 계시뇨

우리가 동방에서 그의 별을 보고
그에게 경배하러 왔노라(마2:1,2)

책은 밝아야 볼 수 있지만 별은 어두워야 보이는 법이다. 예루살렘의 제사장들과 서기관들, 그들의 삶은 너무 밝기만 했던 모양이다. 어두움이 없었고 그래서 간절함이 없었던 모양이다.

하늘의 깊은 곳까지 보이는 건 낮이 아닌 별이 뜨는 밤인 것처럼 하나님 나라 또한 그러하다. 거센 바람이 스치는 깊은 밤을 사는 사람, 태양 가득한 밝은 낮엔 비밀스럽게 감춰져있던 왕의 별을 그 어둠 속에서 오히려 볼 수 있어 복되다.

예수 주 나의 왕

우리가 동방에서 그의 별을 보고
그에게 경배하러 왔노라(마2:2)

이들 이야기가 좀 더 자세하였더라면 어땠을까? 훨씬 인기 있고 재미있
는 이야기가 되었을지도 모른다. 마태가 기록한 동방박사를 두고 하는 말
이다. 마태의 기록만으로는 이들은 신비에 둘러싸여 있다. 그들 무리 전
체의 모습이 어땠는지 어디로부터 왔는지 베들레헴에 오기까지 무슨 일
을 만났는지 알 수가 없다. 그래서 그들을 둘러 싼 전설들도 많고 해석
들도 많다.

그런데 사람들은 알 수 없는 일들에 대해 더 많은 호기심을 갖는다. 그래
서 누군가가 그 다음 이야기를 그럴싸하게 만들면 잘 믿는다. 아직은 실
체가 불분명한 화랑세기라는 필사본을 통해 드라마 선덕여왕이 각색되

고 방송되었을 때 시청률이 높았던 것처럼 말이다. 이단들이 하는 방식이 그렇다. 얼핏 그럴싸하지만 그런 잘못된 픽션에 빠져들면 도박에 빠진 사람의 베팅이 커지듯 좀처럼 빠져 나오지 못하고 오히려 점점 더 몰입되는 역설적인 선택을 하게 된다. 이를 일러 '상승적 몰입(escalating commitment)'이라고 한다.

그런 위험성에도 불구하고 왜 마태는 그들에 관해 자세히 언급하지 않았던 것일까? 편집상의 의도였다고 봐야 한다. 마가복음서가 예수 탄생 이야기는 생략하고 곧바로 공생애 이야기부터 시작하는 것처럼 성경 기자는 자신이 전하고자 하는 본질적 메시지에 집중하기 위해, 그래서 독자들의 시선을 흐트러트리지 않기 위해 그렇게 한다. 지나친 배경 설명이나 상황 설명은 본질을 오히려 훼손하는 경우가 있기 때문이다.

그런 의미에서 우린 복음서의 기자인 마태의 의도를 따라가 봐야 한다. 마태가 독자들의 시선을 집중시키며 말하고자 하는 것은 무엇이었을까? 길이다. 그들이 길을 왔다는 것이다.

그런데 어떤 길을 말함인가? 유행가 가사처럼 나그네의 정처 없이 헤매는 발길? 아니다. 목적이 있는 길이었고 의미가 있는 길이었다. 그들은 새로운 왕을 만나러 왔다. 그 왕이 세울 나라를 찾아 먼 길을 온 것이다. 마태의 관심은 거기에 맞춰져 있다. 그들이 누구이건, 어디서 왔건, 어느 때의 사람이건 초점이 아니다. 그 이야기의 주인공이 내가 될 수도 있고 너도 될 수가 있고 우리 모두가 될 수 있는 것이다.

그런 점에서 동방박사들이 누구였는지는 별반 중요하지 않고 오히려 우리 각자가 어떤 사람이어야 하는지, 하나님나라의 왕으로 오신 하나님의 아들을 만나기 위해 어떤 길을 가야 하는지가 더 중요한 것이다. 그렇게 그들은 곧 왕의 별을 따라 길을 왔다.

동방으로부터 박사들이
예루살렘에 이르러 말하되
유대인의 왕으로 나신 이가 어디 계시뇨
우리가 동방에서 그의 별을 보고
그에게 경배하러 왔노라(마1:1,2)

이는 당시로부터 1,500년 전 쯤 이스라엘 백성이 모세의 인도로 애굽을 나와 가나안 땅으로 가고 있을 때 사막에 살던 모압사람 발람이라는 선지자가 예언한 이야기가 민수기에 이렇게 기록되어 있는 사실에 근거한다.

내가 그를 보아도 이때의 일이 아니며
내가 그를 바라보아도 가까운 일이 아니로다
한 별이 야곱에게서 나오며
한 홀이 이스라엘에서 일어나서
모압을 이 편에서 저 편까지 쳐서 파하고
또 소동하는 자식들을 다 멸하리로다(민24:17)

홀은 왕의 지팡이다. 그 때로부터 이 예언은 오랜 세월이 지나도록 중근동에 전해져 왔고 그들은 그 왕의 별의 출현을 기다려 왔던 것이다. 그리고 그 별이 출현하자 그것을 따라 온 것이다.

그러나 생각해 보자. 당시는 길을 나선 다는 것 자체가 큰 모험이었다. 예측할 수 없고 견디기 어려우리만치 어려운 환경과도 싸워야 했고 도적 떼와도 싸워야 했다. 때문에 이들이 택한 여행길이 무모할 정도의 모험 길이었을 것을 쉽게 짐작할 수 있게 된다.

그럼에도 그들이 그 길을 간 건 오랫동안 기다려 왔던 약속된 새 세상 때문이었다. 지금 살고 있는 세상은 사람들에게 고통과 절망을 줄 뿐이다. 새 세상의 도래를 갈급했고 그래서 그 나라를 열어 갈 왕을 만나기 위해 험하고 먼 길을 왔다.

이런 그들의 방문에 당황해 하는 헤롯에게 물은 그들의 질문이 이 사실을 말한다.

"왕으로 나신 이가 어디 계시뇨?"

그들은 그가 태어났는지 여부를 묻지 않았다. 어디 계시느냐고 물었다. 그렇게 그들은 이 세상에 온 왕이신 예수를 만났다. 그것이 마태가 모든 사람들에게 하고 싶었던 말이었고 그래서 그는 '예수 주 나의 왕' 이란 사실을 강조하고 싶었던 모양이다.

주 나의 왕(You are my King)이라는 곡을 쓴 Billy James Foote 또한 그랬나 보다.

주 날 위해 버림 받으심으로 나 용서 받고 용납 됐네
날 위해 죽으시고 부활하신 주의 성령 내 안에 계시네

오 놀라운 주의 사랑 날 위해 죽으신 주
오 놀라운 주의 사랑 기쁨으로 경배해

온 맘 다해 주 경배해
주 나의 왕
주 나의 왕
예수 주 나의 왕

요셉의 방주

내가 네게 이르기까지 거기 있으라(마2:13)

어느 교회 성탄절 공연 행사에 배역이 주어진 한 소년 이야기이다. 역할은 예수의 수양아버지, 목수 요셉이었다. 그런데 성탄 이틀 전 소년이 몸살이 났고 이에 그의 엄마가 성극을 망치면 어쩌나 걱정을 했다.

그러나 아들은 엄마에게 걱정 말라고 했다. 자기가 없어도 찾지 않을 것이라고 하면서 말이다. 요셉은 대사 한 줄도 없이 멀대처럼 서있기만 하면 되는 역할이라고 했고 그래서 사람들은 자기가 그 자리에 없는 것도 모를 것이라고 했던 것이다.

정말 그렇다. 그 소년의 말처럼 요셉은 예수 탄생에 별반 역할이 없다. 예수 탄생의 주역은 마리아이고 그 다음이 아기 예수가 뉘인 말구유 주변에 모인 목자들이고 그 다음은 그들에게 예수탄생을 전한 천사들이고 그후 먼 곳으로부터 온 동방박사들처럼 보인다. 요셉은 그저 그 배경화면의 일부분처럼 보일 뿐이다.

그는 말이 없다. 마리아도, 엘리자베스도, 사가랴도 예수탄생과 관련하여 천사를 만났을 때 뭔가 말을 했다. 그러나 요셉은 천사가 전하는 말조차도 듣기만 했다. 말없는 순종, 그것이 그의 모습이었다.

순종에도 여러 종류가 있다. 모세의 순종은 거부 끝에 받아들인 순종이었고 기드온은 조건부 순종이었다. 사사 입다는 인신제사라는 이교적 관습에 물든 무지의 순종이었다.

요셉은 약혼녀 마리아의 수태 사실을 알고 무척 놀라고 당황했지만, 꿈에 나타난 천사의 전갈을 받고는 그녀를 아무 말없이 아내로 데려 왔을 뿐만 아니라 고향 베들레헴으로 가서 호적하라 했을 때도 그것을 하나님의 명령으로 듣고 아내를 데리고 그곳으로 갔다.

동방박사들이 다녀간 후 주의 사자가 꿈에 다시 요셉을 찾아와 헤롯이 아기를 죽이려니 일어나 아기와 그 모친을 데리고 애굽으로 피하여 내가 네게 이르기까지 거기 있으라고 했을 때에도 그는 말없이 그대로 순종했다. 헤롯이 죽자 주의 사자가 다시 현몽하여 이스라엘로 돌아가라 하자 그대로 했고 이스라엘로 돌아온 후 다시 꿈에 지시받고는 갈릴리 나사렛으로 갔다.

하나님의 명령 전부를 요셉이 다 이해했다고 보기는 어렵다. 그 또한 다른 대안을 제시할 수도 있었을 것이다.

"꼭 애굽으로 가야 합니까? 친척 집에 숨어 지내면 안될까요?"

그러나 그는 그런 말조차 꺼내지 않고 순종했다. 매번 그랬다. 군말없이 순종했고 끝없이 순종했다.

요셉은 목수였고 그런 목수가 성경엔 또 한 사람 나온다. 누굴까? 바로 노아이다. 요셉이 신약의 목수라면 노아는 구약의 목수다. 그도 순종의 사람이었다. 노아를 두고 어떤 이가 노아로부터 배울 수 있는 교훈들을 나열한 내용이 있는데 다음과 같다.

- 때를 놓치지 마라.
- 우리는 같은 배에 타고 있다.
- 앞서 계획하라. 노아가 방주를 지을 때는 비가 없었다.
- 준비하고 있으라. 600세에 큰일을 시키실지도 모른다.
- 비판에 귀 기울이지 말라. 해야 할 일은 해야 한다.

- 높은 곳에 미래를 세우라.
- 빠르다고 다 좋은 것이 아니다. 방주에는 달팽이도 탔고 치타도 탔다.
- 타이타닉은 전문가가 만든 것이고 방주는 아마추어의 작품이다.
- 아무리 폭풍이 몰아쳐도 하나님과 함께 하면 결국엔 무지개가 뜬다.

그러나 이 내용엔 인생을 이 세상 성공의 장으로만 바라보려는 자기 위주의 관점이 농후하다. 방주의 역사는 하나님의 새로 세우시려는 나라의 미래 계획의 시작이었지 노아가 선택한 노아의 미래 계획이 아니었기 때문이다. 그래서 새 세상을 이루려는 하나님의 계획에 군말 없이 자신을 내어드린 노아의 순종이 그것을 가능케 했던 것이다.

진정한 순종이란 그런 것이다. 하나님의 계획이 성취될 수 있는 순종. 홍수 뒤의 새 하늘과 새 땅이 그것이고 십자가 구원으로 이룬 예수의 나라가 그것이다.

그런데 이 모든 하나님의 큰 일들은 무대 위에서 각광받던 배역들에 의해서가 아니었다. 모든 사람들이 다 없어지고 홀로 남았던 노아처럼 하나님의 큰 일은 그곳 빈 무대 위에 남겨진 목수 요셉의 방주에 의해서 이뤄졌던 것이다. 그 방주엔 예수와 마리아가 타고 있었고.

목수 요셉은 천국 어디쯤 있을까? 혹시 예수의 제자들은 물론 모친 마리아보다 더 높은 곳에 있는 건 아닐까?

무릇 자기를 높이는 자는 낮아지고 자기를 낮추는 자는 높아지리라(눅14:11)

예수께서 이렇게 말씀하셨기에 그곳에서는 교단 총회장보다는 말없는
헌신의 평신도가 더 높은 자리에 있을 수도 있다는 생각이 들어 해보는
말이다.

광야에 서 있을 때

그 때에 예수께서 성령에게 이끌리어
마귀에게 시험을 받으러 광야로 가사(마4:1)

아나톨 프랑스가 쓴 소설 '타이스'에 나오는 이야기이다. 6세기경 기독교 수도사들의 세계를 그린 소설인데 이집트의 안티오네 수도원에서 고행을 행하고 있던 파퓌니스는 20세에 수도사가 되어 열심히 수도를 했다. 그러다가 그가 수도사가 되기 전 방탕한 생활을 했을 때 만났던 아름다운 여인 타이스를 생각하게 된다.

이 여인은 너무나 아름다워 수많은 선원들의 애욕의 표적이었고 그녀 또한 그것을 즐겼다. 어느 날 파퓌니스는 이 여인을 구해야겠다 결심하고 수도원을 떠나 알렉산드리아로 가서 그녀를 만나 많은 시간 동안 그녀를 감화시켰고 그래서 결국 타이스는 회개하고 주님 앞에 돌아와 온전히 헌신하다 죽는다. 그런데 정작 수도사 파퓌니스는 거꾸로 타락하게 되었다는 이야기이다.

이유가 뭘까? 광야의 경험이 없었기 때문이다. 수도원의 삶이 곧 광야의 삶은 아니었던 것이다. 하나님의 백성은 하나님 나라의 삶을 살기 위해서 반드시 광야의 경험을 거쳐야 한다.

광야의 위치가 그 이유를 말해준다. 그것은 애굽과 가나안 사이에 있다. 옛 세상과 나중 세상과의 사이 말이다. 옛 세상은 지금까지 살아온 세상이고 나중 세상은 젖과 꿀이 흐르는 약속된 세상이다. 옛 세상은 자기 세상이었지만 나중 세상은 하나님이 다스리는 하나님 세상이다. 그 옛 세상에서 나중 세상으로 가려면 광야의 세탁, 곧 세례가 필요한 것이다.

이런 모형이 곧 출애굽한 이스라엘이 겪어야 했던 일이다. 출애굽, 광야, 그리고 가나안 정착이 그것이다. 성경은 그들의 그 일을 어떻게 말하고 있을까? 신명기 8장 2절.

네 하나님 여호와께서 이 사십 년 동안에
너로 광야의 길을 걷게 하신 것을 기억하라
이는 너를 낮추시며 너를 시험하사
네 마음이 어떠한지 그 명령을 지키는지 아니 지키는지 알려하심이라

요약하면 광야는 시험장이었던 것이다. 오늘의 본문 마4:1절도 그러하다. 예수께서도 광야로 가신 것은 시험을 받기 위함이었다. 비록 하나님의 아들로 세상에 오셨지만 동시에 사람의 아들로 오셨다. 사람이 겪어야 할

육신적 정신적 영적인 한계를 지닐 수밖에 없었고 그것을 극복해야만 사람들의 죄를 대신할 속죄제물이 될 수 있었으며 그로써 죄사함받은 백성들을 하나님 백성되게 할 수 있었다.

그래서 하나님의 손에 이끌려 광야로 가 40일 간 금식하셨다. 이스라엘이 출애굽해서 가나안에 도달하는 데는 두 달이면 충분했지만 40년 광야길을 걷게 하신 것처럼 예수께서도 그리하셨다. 이틀이 아닌 사십 일이었다.

그런데 그곳에는 누가 있는 것일까? 각개전투훈련장에 훈련교관이 있는 것처럼 시험하는 자가 있다. 그는 누구이고 무엇으로 시험할까? 그는 '옛 뱀 곧 마귀라고도 하고 사단이라고도 하는 온 천하를 꾀는 자(계12:9)' 이다. 태초부터 그랬던 자이다. 첫 번째는 아담을 꾀었고 이제는 두 번째 아담이신 예수를 대상 삼으려 했다.

그는 어떻게 예수를 시험했던가? 심리학자 에이브라함 매슬로(Abraham Maslow)가 주장한 '욕구이론'이란 게 있다. 이는 생리적 욕구, 사회적 욕구, 개인적 욕구로 요약될 수 있고 앞의 것을 하위적 욕구, 뒤의 것을 상위적 욕구라고 했다.

그 이론에 따르면 하위적 욕구들이 만족되어야 상위적 욕구를 채우고 싶은 욕심이 생긴다는 것이다. 배고픔이 먼저 해결되어야 사랑하고 싶은 욕구가 발동하는 것처럼 말이다.

동시에 이는 하위욕구가 일단 채워지면 그 힘을 잃는다는 뜻이기도 하다. 이처럼 생리적 욕구가 채워지면 사랑받고 인정받고 싶은 욕구인 사회적 욕구가 발동하고 그런 다음 개인적인 욕구 곧 훌륭한 사람이 되고 싶다는 자기존중욕구와 자기의 한계를 넘어보고 싶다는 자아실현욕구를 갖게 된다는 것이다.

사단은 우리의 이러한 욕구들을 너무나도 잘 알고 있다. 예수를 향한 그의 시험도 그에 준한다. 배고픈데 돌로 떡을 만들어 먹으라는 생리적 욕구의 자극. 사람들에게 잘 알려지게 성전 꼭대기에서 뛰어내려 유명해지라는 사회적 욕구의 자극. 그리고 천하만국과 그 영광을 가져보라는 자아실현 욕구를 자극했다. 다만 그 욕구의 실현은 그에게 무릎 꿇을 때라야 한다는 조건이었다.

그가 예수를 이렇게 시험한 건 먼저 재미본 일이 있었기 때문이다. 에덴동산에서의 일이 그것이다. 낙원이었던 그곳, 그래서 생리적 욕구가 일단 해결되어 있던 아담과 하와에게 그 다음 상위 욕구인 지혜롭고 싶다는 자기존중욕구, 피조물인 인간의 한계를 뛰어넘어 하나님처럼 되고 싶다는 자아실현욕구로 꾀었던 것이고 그 유혹은 대성공을 거두었다.

그렇게 하나님 나라를 유린해 그 백성들로 하여금 가시와 엉겅퀴의 세상으로 내몰아 슬픔과 아픔과 고통과 상실과 죽음이 있는 삶으로 뒤집어 놓은 즐거운 기억이 있었던 것이다.

그러나 이번엔 실패했다. 그래서 예수의 나라를 막지 못하고 물러갔다. 그러나 일단 후퇴했을 뿐 아주 간 건 아니다. 때문에 예수께서 다시 오셔서 사단을 무저갱에 넣기까지 우리는 여전히 그런 세상을 견뎌야 하는 수밖에 없다.

그래서 우린 때때로 시험하는 자를 만나 절망과 슬픔으로 광야에 서 있을 때가 있다. 그러나 그것은 나를 하나님 나라로 인도하는 과정일 뿐이다.

그럴 때면 광야의 옛 야곱을 기억하고 찬송하며 힘을 내자. 찬송가 338 장이다.

내 주를 가까이 하게 함은
십자가 짐 같은 고생이나
내 일생 소원은 늘 찬송하면서
주께 더 나가기 원합니다

내 고생하는 것 옛 야곱이
돌베개 베고 잠 같습니다
꿈에도 소원이 늘 찬송하면서

주께 더 나가기 원합니다

천성에 가는 길 험하여도
생명길 되나니 은혜로다
천사 날 부르니 늘 찬송하면서
주께 더 나가기 원합니다

야곱이 잠깨어 일어난 후
돌단을 쌓은 것 본받아서
숨질 때 되도록 늘 찬송하면서
주께 더 나가기 원합니다

오두막집 은 등잔

심령이 가난한 자는 복이 있나니
천국이 저희 것임이요(마5:3)

수 세기가 지나는 동안 출입문을 작은 크기로 두 번이나 리모델링한 교회가 있다. 베들레헴 예수탄생교회이다. 두 번째로 출입문을 리모델링할 때 그 입구를 더욱 작게 했는데 그 이유는 침략자가 말을 탄 채 교회 안으로 들어오지 못하게 하기 위해서였다. 그렇게 만든 문이 매우 낮아 오늘 날 방문객이 허리를 구부리고 머리를 숙여야만 들어 갈 수 있어 "겸손의 문"이라 부르게 되었다.

예수께서 산상수훈에서 하신 여덟 가지 말씀 중에서 첫 번째 하신 말씀은 이것이다.

심령이 가난한 자는 복이 있나니 천국이 저희 것임이요(마5:3)

그런데 심령이 가난하다는 말이 무엇을 뜻하는 것일까? 어렵게 생각하지 않아도 된다. 겸손한 마음이라고 보면 된다.

'겸손한 자는 복이 있나니 하나님 나라가 저희 것임이요'

이렇게 읽어보면 좀더 알기 쉽게 와닿는다. 예수께서 쓰신 '가난하다' 라는 말은 '위축되다, 비굴하게 움츠리다'의 의미이기 때문이다. 길모퉁이에 구부려 앉아 음식을 구걸하는 걸인처럼 위축되고 비굴하리만치 움츠린 모습, 곧 누군가의 도움의 손길이 없으면 생존할 수 없는 그런 모습을 말하는 것이다.

우리의 심령이 하나님 앞에 그래야 한다는 뜻이다. 그 분 앞에 우리는 너무 빈약하고 모든 걸 온전히 의지할 수밖에 없는 파산 상태이고 그래서 전적으로 무가치함을 인정하는 그런 겸손한 마음 그것이 곧 가난한 심령이라는 것이고 그래야 비로소 하나님 나라를 소유하게 된다는 뜻이다.

그런데 예수께서 왜 그런 겸손을 하나님 나라 소유의 첫 번째 항목으로 말씀하신 것일까? 아담이 하나님 나라인 에덴에서 쫓겨난 이유가 거기에 있었기 때문이다.

그는 하나님처럼 높아지려고 했다. 그렇기 때문에 이제 다시 그곳에 들어

가려면 하나님 앞에 납작 엎드려야 하는 것이다. 그래야만 에덴 곧 낙원이 다시금 주어지는 것이다.

모세도 그랬고 눈을 빼앗긴 삼손도 그랬다. 그들이 스스로를 높일 때 낮아졌고 낮출 때 높아졌다. 곧 강함의 비밀은 약함을 인정함에 있고, 능력의 비밀은 무력함을 인정함에 있고, 승리의 비밀은 하나님께 온전히 맡김에 있고, 일어설 수 있는 비밀은 하나님을 의뢰함에 있다. 허리를 구부려 조아리는 겸손만이 하나님이 계신 존전 곧 하나님 나라에 들어갈 수 있는 입구가 되는 것이다.

때문에 이는 세상이 말하는 겸손과는 다르다. 세상이 말하는 가난한 마음에는 하나님이 없다. 자기 스스로가 다스리는 자기 마음이 있을 뿐이다.

중국인들은 心安處處安(심안처처안)이라고 했다. 곧 마음이 평안하면 어떤 곳도 평안하다는 말이다. 초가집도 평안하고 나물국도 향기롭다는 것이다. 그래서 고요히 머물러 있는 거울같이 깨끗한 물, 곧 明鏡止水(명경지수)와 같은 마음을 추구했다.

인도인들은 생각이 조금 다르다. 행복과 불행, 천국과 지옥 따위란 마음의 번뇌일 뿐이라고 본다. 그래서 내놓은 처방이 물통과 불통이다. 마음속의 천국일랑은 불통으로 불살라 버리고 지옥일랑은 물 부어 없애버리자는 것이다. 감정의 진공상태 또는 무감동의 건조함을 갈등 없는 행복한 涅槃(열반)으로 여기는 것이다.

서양인들은 어떠했을까?

예수 당시 세계로 돌아가서 그 때 사람들의 마음에 관한 생각들을 살펴보면 이렇다. 당대의 정신세계를 지배했던 헬라에는 그들의 현인들이 제시했던 마음을 다스리는 세 가지 길이 있었다.

그 첫째는 '네 자신을 알라'는 것이었다. 소크라테스였다. 둘째는 '네 자신을 절제하라'였다. 감정을 의지 아래 두도록 하라는 것이다. 곧 '의지의 종교화'였다. 소크라테스의 제자 플라톤이 한 말이다. 셋째는 '네 자신을 즐겨라'였다. 즐거움에 대한 기억이 마음을 행복하게 만든다는 것이고 성경에도 나오는 에피큐리안 학파가 그들이다(행17:18).

이들의 공통적 특징은 자기이다. 자기지식, 자기절제, 자기만족. 중국식이나 인도식도 마찬가지이다. 마음의 중심엔 자기가 먼저 있는 것이다. 그런데 그 자기라는 것이 완전할까? 자신에게 물어보자.

"자기 완전해?"

이처럼 불완전하고 결함있는 자기를 무결점의 전제 조건으로 걸어 놓고 마음을 다스리려 하면 그 마음에 제대로 된 행복이 있을 수 없다.

자기를 낮추지 않는 한 결단코 하나님 나라를 소유할 수 없어 복 있는 사람이 되지 못한다. 곧 하나님 앞에 "가난한 마음"이어야 복된 것이다. 그렇게 예수 앞에 나아와 엎드림으로 하나님 나라를 경험하는 은혜를 받은 사람들을 통해 예수께서는 가난한 심령 곧 겸손한 마음이 얻게 되는 그 나라의 복이 어떤 것인가를 보여주셨다.

몇 가지 예를 보자.

귀신들린 딸을 위하여 예수 앞에 나아왔으나 오히려 구걸하는 개라는 모욕을 받아도 자기를 부인하고 겸손하게 무릎 꿇고 딸의 치유를 간절히 구했던 이방 여인이 주님의 은혜를 받아 그 딸이 귀신에게서 놓여났던 일이 그것이고, '다윗의 자손이여, 나를 불쌍히 여기소서!' 외치며 온갖 사람들이 시끄럽다고 면박을 줘도 자기를 버리고 죽기 살기로 주님 앞에 달려 나왔던 소경 거지 바디메오가 눈을 떴던 일이 그것이고, 율법을 어기면서까지 길가에 나와 주님을 불러 병 낫기를 부르짖던 열 명의 문둥병자들이 고침받았던 일이 그것이고, 죽어가는 딸을 위해 유대의 회당장이라는 명망 높은 직책조차도 버리고 예수 앞에 무릎 꿇었던 야이로가 응답받았던 일 등이 그것이다. 오직 주님 앞에 겸손으로 무릎 꿇은 가난한 심령들이 얻은 축복이었다.

독일의 시인 괴테가 말한 이야기 하나가 있다. 놀라운 은 등잔이 하나 있었다. 그것이 어느 가난한 한 어부의 오두막 안에 놓이자 그 오두막과 그 안에 있는 모든 것들이 은으로 변했다.

심령이 가난한 자는 복이 있나니
천국이 저희 것임이요(마5:3)

주님 앞에 가난한 심령이 그런 것이다.

마태복음 5:11,12

떨어지지 않는 사과

나를 인하여 너희를 욕하고 핍박하고
거짓으로 너희를 거스려 모든 악한 말을 할 때에는
너희에게 복이 있나니
기뻐하고 즐거워하라
하늘에서 너희의 상이 큼이라(마5:11,12)

어느 기독교기관에서 일하시는 분이 목사님들에게 읽어보시라면서 보내
준 책을 받아 읽은 적이 있다. 일본사람 히스이 고타로가 쓴 『행복하세
요』라는 책이다. 내용은 아오모리현의 사과 이야기로부터 시작한다. 태
풍으로 90%가 낙과되었고 10% 정도만 남아 농부들이 실망했는데 한 사
람만 대박이 났다는 것이다. 떨어지지 않고 나무에 달려있던 사과 품명
을 '떨어지지 않는 사과' 라고 붙이고 수험생들에게 팔아 열 배 가격으로
수익을 올렸다는 이야기이다.

또 느림보 엘리베이터 때문에 고민하던 건물 주인이 엘리베이터 문 옆에 거울을 달아놓았더니 사람들이 불평하지 않더라는 것이다. 그렇게 문제를 해결하면 행복해진다는 그런 이야기들을 묶은 책이다. 이 사람은 '생각을 바꾸면 행복해진다'는 이야길 하고 싶은 거다. 곧 상황 해석이 행복을 좌우한다는 의견이다.

그런가하면 미국 리버사이드 캘리포니아 주립대학 UCR 심리학과 교수, 소냐 류보머스키라는 사람은 18년째 '행복'에 관해 연구하고 있는 긍정 심리학 분야의 신진학자인데 특히 행복의 수준을 어떻게 지속적으로 높일 수 있는지를 주된 연구 과제로 삼고 있는 사람이다.

그녀의 말에 의하면 사람들은 일차적으로 돈, 성공, 권력, 명예를 소유함으로 행복해질 수 있다고 생각한다는 것이다. 그러나 사람에겐 '쾌감적응'이란 것이 있어서 한번 얻은 행복이라 해도 얼마 가지 않아 그저 그런 것으로 적응해버린다는 것이고 게다가 '행복도'도 사람마다 개인차가 있다고 한다. 약 25만 명 정도를 대상으로 연구해 보니 행복의 요소가 세 가지로 구분되는데 유전적 요인이 50%, 10%가 환경적 요인, 나머지 40%는 '가능성'이더라는 것이다.

그래서 그녀는 『행복도 연습이 필요하다』라는 책을 썼고 그 책에서 그녀는 유전적, 환경적 요인은 어쩔 수 없다 치고 나머지 40%는 연습하면 된다고 했다.

소냐는 연습을 제시했고 고타로는 해석을 제시했다는 점이 다를 뿐 행복은 추구 가능한 것이라는 주장에서 비슷하다. 누구에게나 행복추구권이 있다는 전제하에서 그런 생각을 했던 것 아닐까 싶다.

그런데 이 '행복추구권' 이란 말, 사실은 미국 독립헌장에 최초로 명시된 데서 유래된 말이다. 제퍼슨에 의해 작성된 것인데 인간의 권리는 생명, 자유, 행복의 추구에 있다는 내용이 그것이다.

요즘에 이르러 사람들 사이에 행복이란 인간이 태어나면서부터 당연히 갖는 권리라고 보편화된 인식이 깔리게 되었다. 그런데 이는 '행복은 소유하는 것' 이라는 말처럼 들릴 수도 있게 하고 또 뒤집으면 '소유가 행복이다' 처럼 들릴 수도 있다.

사람들은 일단은 뭔가 손에 쥔 게 있어야 행복하다는 원초적 조건에 집착하는 게 사실이다. 그래서 어느 나이 드신 목사가 한탄했듯이 요즘 교회 강단에서 소유의 충족을 행복의 충족이나 축복으로 선포하는 목사들의 성경에 대한 아마추어리즘이 성도들을 그렇게 물들게 하는 게 아닌가 싶기도 하고 말이다.

두 사람이 땅의 소유권 문제로 랍비를 찾아갔다. 서로 자기 것이라는 주장이었다. 랍비가 해결책을 내놓았다. 땅에게 물어 보자는 것이었다. 랍비는 땅에다 귀를 댔다. 땅에서 귀를 뗀 랍비에게 두 사람이 물었다.

"땅이 뭐랍니까?"

랍비는 대답했다.

"땅이 그러는데, 두 사람 다 자기 것이라는데요."

우리 인간은 창조주 하나님에 의해 흙으로 빚어진 존재임에도 그걸 곧잘 잊는다. 그래서 근본을 아는 데서부터 모든 가치가 시작된다는 사실을 잘도 망각한다. 곧 행복하려면 행복한 존재가 되어야 하는 것이지 상황 해석을 통해 생각을 바꾸는 기술이나 연습으로 행복을 추구해서 행복을 소유할 수 있는 게 아니다.

산상수훈의 예수의 말씀인 팔복이 그 말씀이다. 심령이 가난한자, 애통하는 자, 온유한 자, 의를 갈망하는 자, 긍휼히 여기는 자, 마음이 청결한 자, 그리고 화평케 하는 자가 되라. 그러는 동안 욕도 먹고 핍박도 당하겠지만 기뻐하라. 그럴수록 하나님 나라에서의 상급은 클 것이다.

빌 클린턴 전 미국 대통령이 넬슨 만델라에게 그가 갇혔던 감옥의 간수들을 어떻게 용서할 수 있었는지 물었던 모양이다. 만델라가 말했다.

"감옥 문을 나서는 순간 내가 그 사람들을 계속 미워한다면 여전히 감옥에 갇혀있게 될 거라는 사실을 깨달았습니다."

이 이야기는 클린턴에게 기도처럼 자리잡았다고 한다. 감옥에서 그는 변해있었던 것이다. 그는 우박에도 떨어지지 않는 사과가 되어있었다.

명명과 명령

너희는 세상의 소금이니
소금이 만일 그 맛을 잃으면 무엇으로 짜게 하리요
후에는 아무 쓸데없어 다만 밖에 버리워
사람에게 밟힐 뿐이니라(마5:13)

한 남자가 포도나무를 지지할 말뚝을 망치로 박고 있는데 꼬마 소년이 아무 말없이 구경하고 있었다. 곧 가겠거니 했는데 계속해서 지켜보기에 그 남자가 꼬마에게 물었다.

"포도원 가꾸는 법을 배우고 싶은 거니?"

그러자 꼬마가 대답했다.

"아니요. 망치로 손가락을 때렸을 때 목사님은 어떻게 비명을 지르나

궁금해서요."

우리는 언제나 다른 사람에게 긍정적이든 부정적이든 영향을 주며 산다.
소금과 빛도 그와 같다. 다만 소금은 눈에 보이는 동안에는 그 역할이 없
고 빛은 눈에 안 보이는 동안에 그 역할이 없다는 점이 다를 뿐이다. 예
수께서 말씀하신 소금과 빛의 비유는 세상을 향해 우리가 가져야 할 영
향력이 어떤 것이어야 하는지를 말씀하신 것이다.

영향력이란 다른 사람에게 작용하는 내 행동이나 말이나 의견 등 을 말
한다. 반대의 경우도 마찬가지이다. 그런데 소금의 영향력은 무엇일까?
무엇보다 그것은 음식물에 스며들어 풍미를 주는 데 있다. 우리 몸에 염
분이 0.2% 정도니까 그 이하로 들어가야 맛도 있고 몸에 부스럼도 안나
고 저항력도 유지된다.

그런데 그것은 소금 스스로가 '나 소금이야!' 하면서 하얀 모습을 뽐내
는 한 그런 영향력을 나타낼 수가 없다. 눈에 안보이게 녹아서 스며들 때
라야 한다.

함께 있으면 알게 모르게 위로가 되고 생기가 나고 힘이 되는 그런 사람
이 되라는 뜻이다. 남성 듀오 사이먼과 가펑클이 만들어서 직접 부른 '험
한 세상 다리가 되어'라는 노래는 그래미상을 휩쓴 명곡이다. 기독교적

위로를 표현한 가사와 음악성으로 최고의 음악으로 평가되는 곡인데 그 가사를 보면 이와 같다.

왠지 작아진 느낌이 들고 눈물이 고일 때면
내가 당신 곁에 있어 눈물을 닦아줄 겁니다
친구조차 사라져 힘든 때에도
내가 당신이 건너는 물결 위 다리가 되어 곁에 있을 겁니다
자신을 상실한 채 낯선 거리를 서성이다
해가 저물어 당신이 어찌 할 바를 모를 때에도
밤이 지나기까지 어두운 물결 위에 말없이 서 있는 다리처럼
내가 당신 곁에 있을 겁니다
항해를 멈추지 마세요
때가 되면 어둠이 걷히고 꿈꾸던 모든 일들이
제자리를 찾는 것을 보게 될 테니까요
안심하세요
내가 당신과 함께 있습니다
내가 당신 곁에 있어
험한 세상 건너는 다리가 되어 줄 겁니다

이 노래처럼 세상을 소생시키는 그런 사람이 되라는 것이다. 좁게는 부부 간에 그리고 자녀와 가족 간에, 나아가 이웃에게 그러라는 것이다. 녹은 소금처럼.

그리고 소금은 음식을 보존하게 하는 기능으로서의 영향력이 있다. 그러나 오해하지 말았으면 하는 것은 소금이 음식의 상태를 더 좋아지게 하는

것은 아니고 적어도 더 나빠지게 하지는 않는다는 점이다.

과수원에 치는 농약에는 두 종류가 있다. 살충제와 살균제. 가능하다면 비가 오기 전에, 또는 벌레가 몇 마리 보일 때 서둘러 쳐야 한다. 균과 벌레가 창궐할 때 농약을 치면 별 효과가 없고 오히려 벌레의 내성만 길러주기 때문이다.

기독교인도 그래야 한다. 세상에 악이 마구 번지는 것을 막아주는 역할을 해야 한다. 세상은 점점 악해져가지만 그래도 그러면 안된다고 요나처럼 외쳐야 하는 게 우리의 역할이다.

소금의 나머지 한 가지 영향력은 목마르게 하는 것이다. 극장에 가면 많이 사먹게 되는 것이 팝콘인데 팝콘은 무척 짭짜름하다. 그래서 음료수를 곁들여 사먹기 마련이다.

예전에 직장에 있을 때 동료 한사람이 내 책상으로 찾아왔다.

"이형, 이형이 믿는 예수를 나한테 설명 좀 해줘."

그 얼마 전까지만 해도 자기들이랑 별반 다를 바 없이 살던 내가 갑자기 변하더니 회사에서 하는 워크샵인데도 그 기간에 주일이 끼어있으면 다른 직원들이 비웃거나 말거나 높은 분이 뭐라 하거나 말거나 거리낌없이 불참하고, 그런데도 회사 오너가 '쟤는 저래. 어쩔 수 없어. 못 말려.' 하고 매번 나의 불참을 수용하니까 직장 생활이 힘들기만 했던 그의 입장에선 내심 부러웠었나보다. 그래서 목이 타들어가기만 하는 직장 생활에서 내가 마시는 예수로 목이 말랐던 모양이다.

"너희는 세상의 소금이니"

주목할 것은 예수께서 제자된 우리에게 주신 이름이다. 곧 '소금'이다. '소금이 되라'가 아니다. 소금이라고 명명하셨지 소금이 되라고 명령하신 게 아니라는 말씀이다.

가스등

너희는 세상의 빛이라
산 위에 있는 동네가 숨기우지 못할 것이요
사람이 등불을 켜서 말 아래 두지 아니하고 등경 위에 두나니
이러므로 집안 모든 사람에게 비취느니라(마5:14,15)

단편소설 '마지막 잎새'의 저자인 오 헨리는 매우 가난하였고 폐결핵으로 하숙집에서 죽어가고 있었다. 그의 마지막을 지켜보고 있던 동료 중하나가 점점 숨이 잦아드는 그를 보면서 경의를 표하는 마음으로 방안을 비추고 있던 가스등 불빛을 점차 낮추었다. 그러자 헨리가 힘없는 손짓으로 말했다.

"불을 끄지 마세요. 어둠 속에서 집으로 가는 것은 너무 두려운 일입니다."

어둠이 두려운 까닭은 위험하기 때문이다. 수렁이 있을지 돌부리가 있을지 낭떠러지가 있을지 벽이 있을지 멧돼지가 나올지 줄 풀린 맹견이 있을지 흉악범이 칼을 들이밀지 적이 잠복하고 있을지 지금 길을 잘 가고 있는지 알 수가 없기 때문이다.

예수께서 제자들에게 너희는 세상의 빛이라고 하신 말씀은 이 세상은 밤같이 어두운 곳이라는 의미이고 그래서 누군가가 빛을 비춰야만 한다는 말씀이다. 그래야만 사람들에게 안도와 위로의 생명 길을 제공해 줄 수 있기 때문이다. 이는 밤이 되면 어두워지는 일기 상의 어두움을 말하는 것이 아니라 영적, 도덕적 어두움을 말하는 것이다.

지식이 없어도 어둡긴 하다. 중세 유럽의 르네상스 이전까지만 해도 지구의 끝은 바다의 끝, 수평선이라고 생각했고 거기엔 지옥으로 가는 낭떠러지가 있다고 생각을 했는데 나중에 지구는 둥글어서 그렇게 보인다는 것을 알았고 그렇게 미국이라는 신대륙도 발견했다. 태양이 지구를 도는 게 아니고 그 반대라는 것도 알았다.

그 시절을 가리켜 '계몽주의시대' 라고 했다. 계몽이란 Enlightenment, 곧 '빛을 밝힌다' 는 뜻이고 불교의 '깨달음'도 같은 말이다.

게다가 오늘날 게놈이라는 유전자 지도까지 제작이 되자 사람들은 많은 질병을 정복할 수 있다고 기대하게 되었고 유토피아가 건설될 것이라는 꿈을 꾸며 교육을 많이 시키고 문화를 발전시키고 또 과학을 발전시키고 연구하고 노력하고 인간의 지혜와 지식을 의뢰하고 그렇게 하면 인류의 앞날에 더 밝은 등불을 켤 수 있을 거라고 믿는다. 인간의 지식이 등불이라는 생각이 더 강화되고 있는 것이다.

그러나 타임지에 본성 양육(Nuturing Nature)이란 기사가 난 적이 있다. 게놈 지도로 말미암아 좋은 유전자로만 선택된 좋은 아이가 태어날 수도 있는 세상이 되었지만 막상 연구해 보니 태어나는 것도 중요하지만 어떤 환경 가운데서 어떻게 양육되는지가 더 중요하더라는 것이다. 인간 지식의 등불로 비추지 못하는 것이 있다는 뜻이다. 그리고 그것은 죽음의 영역에 이르면 더 분명해진다.

아침에 파릇파릇한 풀잎 같더니 어느덧 해가 저무는 저녁이 되어 시들어져 어둠 속으로 영원히 사라지고 마는 것이 인생이고 그것은 인간의 지적 등불로도 어찌할 수 없는 영원한 어둠인 것이다. 그 어두움을 비출 수 있는 생명의 등불은 아닌 것이다. 그 생명의 등불은 어디 있을까?

인간에게는 없다. 스스로를 영원한 생명으로 구원하지 못하기 때문이다. 때문에 자력으로 생명을 얻을 수 있다고 믿는 자력구원의 노력과 신봉은 착각이고 또 다른 어리석음이고 어둠이다.

과연 사망의 어둠을 몰아내고 생명을 밝힐 등불은 어디에 있는 것일까? 그 이전에 죽음이 뭔지 그것을 알아야 답이 있다. 죽음이란 죄로부터 온 죄의 삯이다. 때문에 그 삯이 갚아지면 죽음의 장막이 걷히고 생명의 등불이 켜진다.

그런데 그 죄의 삯이 이미 갚아진 곳이 있다. 예수의 십자가이다. 죄의 삯을 대신 갚아 주시려고 사람의 모습으로 오신 하나님이신 예수께서 생명의 등불로 그곳에 높이 달리셨다. 그것이 복음이고 제자들에게 위탁된 빛이다. 제자들을 세상의 빛이라고 하신 이유가 그것이다. 그들은 구약의 노아처럼 아주 작은 무리였지만 그들 손에 쥐어 준 그 등불로 어두운 죽음의 세상을 비추어 사람들을 생명의 길로 인도하고 구원해나가기 시작했다.

스코틀랜드의 귀족이었던 해리 로더경이 언젠가 세실이라는 호텔에서 묵고 있었는데 저녁이 되어 창 밖을 내다보고 있었다. 거리가 어두워지기 시작할 즈음 한 남자가 등불과 막대기 하나를 들고 거리에 나타났다. 가로등에 불을 켜는 사람이었다. 그는 가스등인 등불 하나하나에 올라가서 불을 켰다. 그때마다 그 주변이 환해졌다.

그렇게 켜진 가로등이 줄줄이 이어지는 모습은 참으로 아름다웠다. 그러다 이윽고 길모퉁이를 돌아간 그 사람의 모습이 보이지 않게 되었다. 그

러나 로더경은 가려진 건물 위로 올라오는 빛을 보고 그가 어디쯤 있는
지를 알 수 있었다고 한다.

너희는 세상의 빛이라
산 위에 있는 동네가 숨기우지 못할 것이요
사람이 등불을 켜서 말 아래 두지 아니하고 등경 위에 두나니
이러므로 집안 모든 사람에게 비취느니라

이 어두워져가는 세상, 주께서 우리에게 변함없이 생명의 등불을 들라고
하신다. 세상에 그보다 더 선한 일은 없기 때문이다.

사슬 끊기

너희 원수를 사랑하며
너희를 핍박하는 자를 위하여 기도하라(마5:44)

받은 만큼 되돌려 주지 않으면 바보로 취급당하기 쉽다. 같은 경우가 반복되기 때문이다. 그래서 당한 그대로 상대를 공평하게 대해야 공정한 대접을 받는다는 생각들을 한다. 구약성경에서도 그렇게 말하고 있다.

해가 있으면 갚되
생명은 생명으로,
눈은 눈으로,
이는 이로, 손은 손으로, 발은 발로,
데운 것은 데움으로,
상하게 한 것은 상함으로,
때린 것은 때림으로 갚을지니라. (출21:23~25)

소위 말하는 동형복수법(同形復讐法)이다. 그런데 예수께서는 달리 말씀하신다.

또 눈은 눈으로, 이는 이로 갚으라 하였다는 것을
너희가 들었으나
나는 너희에게 이르노니
악한 자를 대적지 말라
누구든지 네 오른편 뺨을 치거든
왼편도 돌려 대며...
너희 원수를 사랑하며
너희를 핍박하는 자를 위하여
기도하라(마5:38,39,44)

어쩌자는 말씀인가? 율법은 파기하고 예수의 말씀으로 대체하자는 것인가? 더구나 예수 스스로 이런 말씀을 하셨다.

내가 율법이나 선지자나
폐하러 온 줄로 생각지 말라
폐하러 온 것이 아니요
완전케 하려 함이로라(마5:17)

진리의 특성 중 하나가 보편성이다. 상황이나 경우에 따라 달라지는 건 진리가 아니다. 모세의 동형복수법과 예수의 용서의 법은 진정 상반된 것일까?

아니다. 그것은 동형복수법에 대한 이해 부족으로 생기는 오해이다. 동형복수란 '갚아야 할 최소한의 것' 이란 사실을 잘 알지 못하면 그런 오해를 할 수 있는 것이다.

우리가 억울한 피해를 당하게 되면 맘 속에 생기는 게 뭔가? 증오와 분노이다. 그런데 이것은 무한정으로 확대 재생산되고 증폭되는 성질을 가지고 있다. 곧 되로 받은 것을 말로 갚으려는 경향이 있는 것이다.

트로이의 목마 이야기는 호머에 의해 신화로 엮여져 서사시로 전해 내려오고 있는 전쟁 이야기이지만 역사적 사실일 개연성이 높다고 알려져있다. 그 전쟁의 발단은 '헬레나' 라는 한 여인 때문이었다. 헬레나는 그리스의 도시국가 가운데 하나였던 스파르타 왕국의 왕비였는데 그녀가 세상에서 가장 아름다운 여인이었다는 것이 문제였다.

어느 날 스파르타에 놀러 왔던 이웃나라 트로이의 왕자 파리스가 헬레나에게 반해서 그녀의 남편인 스파르타의 왕 메넬라우스가 조문을 간 사이 그녀를 데리고 트로이로 도망을 가버린 것이다. 그런데 이 부도덕한 왕비 납치를 두고 트로이 왕국에서는 그것이 잘못된 일임을 알고도 국가적 자존심 때문에 그녀를 스파르타로 되돌려 보내지 않았다. 그러자 그리스 전국이 분노하였고 스파르타를 비롯한 아테네 그리고 그리스의 모든 왕들과 영웅과 장수들이 트로이와의 전쟁에 참가하게 되었던 것이다.

일진일퇴를 거듭하던 그 전쟁은 결국 목마를 앞세워 성내에 잠입한 그리스군의 승리로 끝이 나고 트로이는 멸망하고 말았다는 이야기이다.

분노란 이런 것이다. 작은 시작이 전쟁을 일으키고 수많은 사람들을 죽이고 나라를 망하게 한다.

오늘 날도 그렇다. IS나 탈레반이 그런 유형이다. 이런 식으로 고대 사회에서는 누군가가 다른 누군가의 이 한 개를 다치게 했다면 그는 앙갚음으로 상대방의 이 전부를 깨버릴 수도 있었다.

실수로 어린 아이 하나를 죽였다면 상대방 집안의 아이들 전부를 죽이고 그 어미까지 죽이는 일도 있었다. 우리 역사에서는 반역자는 그 집안을 9족까지 멸하기도 했고 말이다.

이런 상황에서 가장 공평하고 자비로운 방법은 무엇이었을까? 동형복수였다. 개인적인 증오심을 바탕으로 한 분노를 최대한 제한하고 억제하는 방법이었다. 곧 제도적으로 사회와 공동체를 안전하게 할 수 있었던 방법이었던 것이다.

말하자면 그 동형복수법 정신의 바탕은 '자비'였다. 그래서 이 동형복수법을 '자비법의 시작'이라고도 부른다. 레위기에 이미 이 법의 기본 정신이 나와 있다.

너는 네 형제를 마음으로 미워하지 말며
이웃을 인하여 죄를 당치 않도록
그를 반드시 책선하라
원수를 갚지 말며
동포를 원망하지 말며
이웃 사랑하기를 네 몸과 같이 하라
나는 여호와니라(레19:17,18)

그럼에도 불구하고 왜 모세는 동형복수를 첨언했을까?

우리 교회 개척 초기 어린이집을 운영했었다. 당시 아이들을 가르치던 아내에게서 들은 재미있는 이야기가 있다.

아이들끼리 싸움이 붙으면 아내는 때린 애와 맞은 애를 함께 부르곤 맞은 애에게 어딜 맞았느냐고 물은 후 머릴 맞았다고 하면 "너도 얘 머릴 때려!"했다는 것이다. 그러면 때린 애는 아무 말도 않고 머릴 내밀고 맞은 애도 시키는 대로 때리더라는 것인데 재미있는 것은 결코 세게 때리지 않고 시늉만 내더라는 것이다.

그럼에도 불구하고 때린 애는 그걸로 만족해 하고 맞은 애도 조금의 원망도 하지 않고 그렇게 원한 관계가 풀리고 아주 평화로운 관계가 이뤄지더라는 것이다. 아내가 그게 아이들 싸움을 말리는 최고의 방법이라고 했다. 그러면 내가 그랬다.

"이 사람 이거, 이단 아니야?"

심리학자인 안나 프로이트와 도로시 벌링햄 두 사람은 세계 2차 대전 중에 버려진 아이들을 대상으로 실험을 했던 적이 있다. 그들은 순전히 아이들만의 공동체를 구성했다. 그리고 다음과 같은 사실을 관찰했다.

아이들 가운데 있는 유일한 사회적 원칙은 힘의 법칙이었다. 아주 어린 아이들은 자기보다 나이가 많은 아이들을 존중한 반면 나이가 많은 아이들은 자기들에게 이익이 될 경우에만 어린 아이들을 보호해 주었다. 동정심이나 수치심도 없었고 그렇다고 죄의식도 없었으며 자신을 개선하거나 변화시키려는 어떤 시도도 보이지 않았다. 결론적으로 이 아이들을 공동체 속에서 교육시키기에는 아직은 너무 어리고 일렀던 것이다.

이 사례에서 우리는 아직 어린 아이들에게 상대방을 존중하고 사랑해야 할 대상이라는 것을 가르칠 수 있는 유일한 방법이 무엇인지 금방 알 수 있다.

"때린 만큼 얻어맞을 수 있다. 그리고 준 만큼 받는다. 상대방도 나와 똑같은 사람이다. 나만 사랑받고 귀하게 여김받는 존재가 아니다. 주변에 있는 모든 아이들과 나는 같다. 그리고 우리 선생님이 우릴 그렇게 다스리시고 요구하신다."

곧 아이들에게 있어서의 동형복수법 곧 이에는 이 눈에는 눈은 곧 상대방을 존중하고 사랑하게 하는 최소한의 장치인 것이다.

이것이 율법정신이다. 윤리적 지각이 아직 성숙되지 못했던 고대 사회에는 원수를 사랑하는 것을 그렇게 가르쳐야 했던 것이다. 그런데 세월이 흐르면서 사람들은 이것을 하나의 권리로 주장하기 시작했다.

"받은 만큼 반드시 되돌려줘야 한다. 그렇지 않으면 손해 보는 것이다. 정당방위이다. 따라서 그것은 테러가 아니다."

그렇게 율법의 참 정신, 곧 존중과 자비와 사랑은 삭제되었고 메마른 관계만이 칼끝처럼 남아있다.

그리고 동형복수라는 율법의 정신은 증오의 처리라는 사실도 알자. 죄는 미워하되 죄인은 미워하지 말라는 정신이다. 그래서 모세는 보복을 최소화 하라고 했고 예수는 보복 대신 용서하라 하신 것이다. 얼핏 달라 보여도 실은 같은 이야기이다.

그런데 보복의 최소화든, 죄의 용서든, 그렇게 하는 데는 한 가지의 목적이 있을 뿐이다. 곧 죄의 사슬을 끊어버리는 것.

우리는 죄를 끊는다는 것과 죄인을 제거하는 것을 동일시하려 한다. 저작자만 없다면, 저 악인만 없다면, 저 원수만 없다면 세상은 평화로워질 것이라고 믿는다. 김정은만 없다면, IS만 없다면 세상은 평화로울 거라고 믿는다.

그러나 죄인이 없어지는 것과 죄가 없어지는 것과는 별로 상관이 없다. 노아 홍수의 물 심판으로도, 소돔과 고모라의 불 심판으로도 인간 세상에서는 적폐가 완전히 사라지지 않았고 결국 재생되지 않았던가? 그 이유는 우리 속에 내재되어 있는 죄의 사슬, 곧 죄의 DNA를 처리하지 못했기 때문이다. 그럴 수밖에 없었던 일인 것이다.

그렇다면 누군가가 밉고 그 때문에 힘들고 화가 나고 답답하면 어떻게 처리해야 할까?

이에 대해 성경은 마음으로는 동의가 안되고 내키지 않더라도 이렇게 하라고 말씀하고 있다.

네 원수가 배고파 하거든 식물을 먹이고
목말라 하거든 물을 마시우라
그리하는 것은
핀 숯으로 그의 머리에 놓는 것과 일반이요
여호와께서는 네게 상을 주시리라(잠25:21~22)

그런데 말이다. 신기하게도 이 말씀대로 해보면 자신도 모르는 사이에 그 사람이 불쌍해지기 시작한다. 성령께서 마음을 그렇게 바꿔놓으시기 때문이다. 그렇게 사슬을 끊을 수가 있는 것이다. 일찍이 내가 직장에서 경험해 본 일이 있기 때문에 이 말씀대로 해보기를 강추한다.

너를 위해

오직 너희를 위하여
보물을 하늘에 쌓아 두라(마6:20)

예수께서 많이 언급하신 것 중 하나가 돈이다. 그러나 돈 문제를 다루신게 아니라 돈의 중요성을 다루셨다. 돈 문제를 영적 문제로 보셨다는 뜻이다. 오늘 날 교회에서는 돈에 관하여 세 가지의 신학을 가지고 접근한다.

그 하나가 청빈신학이다. 물질 소유를 경멸하는 신학. 과도한 소유는 잘못된 것이라는 입장이다. 또 하나는 번영신학이다. 소위 말하는 축복신학이다. 번영은 믿음의 보상이라는 것. 하나님과의 관계가 좋으면 물질적인 복을 받고 아니면 받지 못한다는 것이고 오늘날 가장 유행하는 신학인데 예수 당시 바리새인들의 신학과 많이도 닮았다. 그들은 축복을 그들의 의로움에 대한 하나님의 보상이라고 자랑했다. 복을 받지 못하는 사람은 죄인이기 때문이라고 했다. 누가복음을 보자.

바리새인은 서서 따로 기도하여 가로되
하나님이여 나는 다른 사람들 곧
토색, 불의, 간음을 하는 자들과 같지 아니하고
이 세리와도 같지 아니함을
감사하나이다(눅18:11)

나머지 하나는 청지기신학이다. 돈은 하나님이 맡기신 것이라는 것이고 모든 것이 하나님께 속한 것이므로 관리자로 살아야 한다는 것이다. 제대로 된 이야기이다.

오늘 본문에 나오는 예수의 말씀이 이런 관점을 보여 준다. '하늘에 쌓아두라' 는 말씀이 그것이다. 돈의 주인이신 하나님이 계시는 하늘나라에 돈을 쌓아두라는 뜻이다. '쌓아두지 말라' 하시지 않는다. 그것도 열심히 많이 쌓아 두라는 의미로 돈을 보물이라고 하셨다.

그런데 그 방법이 뭘까? 누가 지어낸 이야기겠지만 그리고 많이 들어 봤던 이야기지만 도움이 될 것 같아서 소개해 본다.

한 부자가 죽어서 하늘나라에 갔다. 진주 문을 지나자 베드로가 마중나와 인사를 했다.

"천국에 온 걸 환영합니다. 당신이 머물 곳을 안내해드리겠습니다. 저를 따라오세요."

친절하고도 겸손한 베드로다. 그 부자는 그곳이 마음에 들었다. 둘러보니 사방으로 저택들이 즐비했기 때문이다. 아름다울 뿐 아니라 금과 은과 진기한 보석들로 건축된 것들이었다. 베드로와 함께 길을 따라 걷기 시작했고 한 화려한 집 앞에 이르렀을 때 너무나도 아름답기에 숨을 멈추고 물었다.

"이 집은 누구의 집입니까?"

베드로가 대답했다.

"당신 집의 문지기였던 사람의 집입니다. 그는 경건한 사람이었고 예수님을 사랑했고 평생 주님을 섬긴 사람입니다. 그에 대한 보상이죠."

베드로와 부자는 다시 길을 따라 걷기 시작했고 많은 집들을 지나 이번엔 무지무지하게 크고 화려한 저택 앞에 이르렀는데 그 담장과 현관은 에메랄드와 루비로 꾸며져 있었다. 부자가 베드로에게 다시 물었다.

"이게 내 집인가요?"

"아닙니다. 당신 하녀였던 사람 집입니다. 당신이 그녀에게 지급한 돈은 비록 작은 것이었지만 그녀는 그 돈으로 불쌍한 어린아이들을 여섯 명이나 데려다 길렀습니다."

베드로의 말을 들은 부자는 마음이 뜨끔했다. 베드로는 부자를 데리고 길을 계속 걸어가 다른 구역으로 들어갔다. 그곳의 집들은 썩 좋은 집들은 아니었다. 작은 언덕 위에 플레이트와 타르 먹인 마분지로 지은 집들이 대부분이었다. 그들은 그 중에서 버려진 냉장고 문을 뜯어다 철사 줄 같은 걸로 끼워 맞춰 대문으로 만든 집 앞에 섰다. 그 부자가 설마 하는 마음으로 베드로에게 물었다.

"이 집은 누구 집입니까?"

베드로가 말했다.

"이집이 바로 당신 집이오."

부자는 믿을 수가 없었다. 뭔가 잘못된 것이 분명했다. 그러자 베드로가 고개를 가로저으며 말했다.

"잘못된 것 없습니다. 우린 그래도 당신이 그 동안 보낸 것으로 최선을 다해 지은 것입니다."

주님께서는 나를 위해서 벌고, 그것을 쌓아두라고 하지 않으셨음에 유의하자. 너 자신을 위하여 그 번 것을 하나님 나라에 부지런히 계좌이체해 두라는 말씀이다. 이는 하나님의 것을 내 것으로 인정해 주시겠다는 의미이다.

그런 나는 지금 하늘나라에 얼마나 쌓아두었을까? 세상에 공개되며 이체된 건 계좌에서 빠져있기에 하는 말이다. 그런고로 얼마가 될지 기대를 접고 그냥 몇 푼 안될 거라고 생각하며 보내다 보면 게 중에 나도 잘 모르는 것들이 더러 입금되어 있는 것을 보게 될지도 모른다. 계산하지 말고 보내 놓자. 이곳과 그곳에서의 황금 색깔이 다르다는 사실도 기억하면서 말이다.

내가 원하는 한 가지

구하라 그리하면 너희에게 주실 것이요
찾으라 그리하면 찾아낼 것이요
문을 두드리라 그리하면 너희에게 열릴 것이니(마7:7)

기도는 어떻게 해야 할까? 예수께서 아주 간단히 세 가지로 요약해 주셨다.

"구하고, 찾고, 두드리라."

부르스 윌킨슨이 그의 책 『야베스의 기도』에 공원 놀이터에서 놀고 있던 자신의 다섯 살짜리 꼬마 아들 이야기를 했다.

그 공원엔 미끄럼틀이 있었는데 아들이 미끄럼틀에 흥미를 보였다. 큰 것, 중간 것, 작은 것, 그렇게 세 개의 미끄럼틀 가운데 처음엔 제일 작은 것에 올라가서 타고 내려와 신나게 손을 흔들더니 이내 두 번째 크기의 미끄럼틀에 올라갔다. 잠시 머뭇거리다 심호흡을 하곤 미끄러져 내려갔고 이번에도 안도의 미소를 지으며 손을 흔들었다.

신이 난 꼬마는 이제 가장 큰 미끄럼틀에 올라가기 시작했는데 중간쯤에서 겁에 질려 서버리고 말았다. 그 아이에겐 너무 큰 미끄럼틀이었다. 그러자 뒤에 줄서있던 큰 아이들이 아들에게 소릴 질러대기 시작했다.

"야, 꼬마야! 올라갈 거면 빨리 올라가고 아니면 얼른 비켜."

그러자 아들이 아빠를 향해 외쳤다.

"아빠, 아빠가 올라와서 같이 타주면 안돼요?"

그렇지 않아도 조마조마한 마음으로 아들을 지켜보던 부르스는 아들이 외치자마자 달려가 끌어안고 미끄럼틀로 올라가서 아들을 두 다리 사이에 품은 후 커다란 두 팔로 껴안고 미끄럼틀을 신나게 내려왔다.

그는 말하기를 많은 사람들이 커다란 미끄럼틀 앞에서 이처럼 머뭇거린다는 것이다. 타긴 타야겠는데 두려워한다는 것이다. 큰 목표 달성을 위해 장애를 돌파하길 간절히 원하지만 동시에 자신 없어 한다는 것이다.

하지만 그럴 때 꼬마 아들이 아빠를 부르듯 하나님을 부르라는 것이다. 그러면 하나님께선 기다렸다는듯 달려오시고 미끄럼틀 이상으로 응답하신다는 것이다. 구한다는 건 요청한다(ask)는 뜻이다.

그리고 찾는다는 것은 탐색한다(seek)는 말이다. 잃어버린 동전을 찾는 여인처럼 그렇게 하라는 것이다. 예수께서 예를 들어 말씀하셨다.

어떤 여자가 열 드라크마가 있는데
하나를 잃으면
등불을 켜고 집을 쓸며 찾아내기까지
부지런히 찾지 아니하겠느냐
또 찾아낸즉
벗과 이웃을 불러 모으고 말하되
나와 함께 즐기자
잃은 드라크마를 찾아내었노라 하리라(눅 15:8,9)

남편에게서 결혼 선물로 받은 열 개 남짓한 동전으로 만든 목걸이인데 그 중 하나라도 없어지면 부정행위를 하다가 그렇게 된 걸로 간주되어 죽을 수도 있었던 게 당시 풍습이었던 모양이다.

그래서 찾을 때까지 탐색하듯 끈기를 가지고 찾듯 기도하라는 말씀이고 이는 동시에 그렇게 응답을 기다리라는 의미이기도 하다. 찾다 말고 다른 볼일을 보는 그런 식으로 하지 말라는 것이다. 때때로 인내의 기다림이 필요한 경우가 있는 것이다.

한 여인이 어느 날 극장에 영화를 보러 갔다가 진주 목걸이 풀어놓은 것을 잊어버리고 그냥 놓고 왔다. 그래서 극장에 전화를 걸어 지배인에게 그것은 무척 값비싼 것이니 꼭 좀 찾아 달라고 했다. 전화를 받은 지배인은 끊지 말고 기다리라고 하고 객석으로 달려가 목걸이를 찾은 후 전화기를 들었는데 전화는 이미 끊겨져 있었다. 그 새를 기다리지 못하고 포기해 버린 것이다. 탐색에는 믿고 기다리는 것이 포함된다는 것을 기억하자.

이어서 두드리라고 하셨는데 무엇을 두드리라는 말씀일까? 마음이다. 하나님의 마음.

2011년도였던가, 우리나라는 남아공 더반에서 있었던 동계올림픽 위원회에서 2018년도 동계 올림픽 평창 유치에 성공하였다. 이미 두 번이나 실패하고 난 후 세 번째 만에 이룬 성공이었다. 앞서의 두 번 모두 1차 투표에서 1위를 하였지만 2차 투표에서 떨어졌다. 그건 우리가 시설과 운영 능력 등 객관적인 평가에서 문제가 없었고 조건과 자격에서 1등이었다는 의미였다. 그런데 2차에서 계속 떨어진 이유는 무엇이었던가?

그것은 IOC 위원들의 마음을 얻지 못했기 때문이었다. 특히 콧대 높은 유럽계 위원들의 마음을 얻지 못했다. 그런데 그 굳은 마음의 문을 연 사람이 바로 김연아 선수였다. 그녀만 나오면 근엄하기로 소문난 귀족 양반 왕족 출신의 나이 든 IOC 위원들이 휘파람을 불어대며 환호하더라는 것이다. 그녀와 사진 한장 찍고 악수 한번 하는 데 올인하기도 하고 말이다. 아름다운 그녀가 고집불통 어르신들의 마음을 두근거리게 했던 것이다. 우리가 그녀를 그곳에 보낸 것은 잘한 일이었다.

기도도 그래야 한다. 하나님의 마음을 두근거리게 해야 한다. 그런데 무엇으로 그렇게 할 수 있을까? 마태복음 12장에 나온다.

보라 나의 택한 종
곧 내 마음에 기뻐하는바
나의 사랑하는 자로다(마12:18)

하나님의 김연아는 바로 예수님이시다. 하나님은 그를 기뻐하신다. 그래서 우리는 예수의 이름으로 하나님의 마음을 두드리면 된다. 예수의 말씀이다.

내가 진실로 진실로 너희에게 이르노니
너희가 무엇이든지
아버지께 구하는 것을
내 이름으로 주시리라(요16:23)

선물로 한 말씀 더 있다.

하늘에 계신 너희 아버지께서
구하는 자에게
좋은 것으로 주시지 않겠느냐(마7:11)

아놀드파머는 PGA를 61회나 우승한 1950~60년대 골프 황제이다. 그가 사우디아라비아에서 골프 행사를 가진 일이 있었는데 그를 보고 감탄한 사우디 왕이 선물을 하고 싶다고 했다. 그런데 그것이 중동지방의 관습인 줄 모르고 아놀드파머는 초청받은 것만으로도 영광이라며 정중히 거절했다. 그러자 사우디 왕이 언짢아했고 이에 아놀드파머가 그렇다면 골프 클럽이나 하나 달라고 했다.

그러자 그 다음 날 파머가 묵고 있던 호텔로 왕의 선물이라며 문서가 배달되었다. 그런데 그것은 수십만 평의 땅과 숲, 그리고 호수들이 포함된 클럽하우, 곧 골프장이었다. 골프 클럽에는 두 가지가 있다. 하나는 골프채 또 하나는 골프장. 아놀드파머는 골프채를 떠올리며 왕에게 요구했지만 사우디 왕은 골프장을 선물한 것이다. 아마도 일부러 그랬을 것이다.

왕 앞에서 우린 작은 것을 말하지만 왕이신 하나님이 크게 들으시는 까닭은 기도하는 우리가 그분의 기쁨이 되기 때문이다. 고린도 교회에 보낸 사도 바울의 편지에 있는 말씀이다.

그런즉 우리는 거하든지 떠나든지
주를 기쁘시게 하는 자 되기를 힘쓰노라(고후5:9)

복음성가 한 구절에도 있다.

내가 원하는 한 가지
주님의 기쁨이 되는 것
내가 원하는 한 가지
주님의 기쁨이 되는 것

마태복음 7:13,14

문

좁은 문으로 들어가라
멸망으로 인도하는 문은 크고 그 길이 넓어
그리로 들어가는 자가 많고
생명으로 인도하는 문은 좁고 길이 협착하여
찾는 이가 적음이니라 (마7:13,14)

어떤 사람이 성지순례를 하게 되었다. 예루살렘에 도착하여 마지막으로 골고다 언덕 위의 십자가를 구경하고 돌아가는 길이었는데 갈림길이 있는 곳에 이르게 되었다. 그런데 많은 사람들이 오른 쪽이 아닌 왼쪽 길로 갔다. 의아해하며 가까이 가보니 입구에 안내하는 사람들이 있었는데 오른편 길 안내자는 산 사람이었고 왼편 길 안내자는 죽은 사람이었다. 그런데 놀랍게도 대부분 사람들이 산 사람이 가리키는 길이 아닌 죽은 사람이 가리키는 길로 가고 있었다. 넓은 길이었기 때문이다.

사람들은 죽은 사람이 가리키는 길이라고 해도 넓기만 하면 편하다는 이유로 그 길로 간다. 산 사람이 내가 이 길로 왔기 때문에 내가 가리키는 길로 가야 한다고 해도 비좁고 힘들어 보이는 그 길로는 가려하지 않는다. 사실 죽은 사람은 자신이 그 길로 왔기에 죽은 거라고 말하고 있음에도 그런다. 성경 잠언의 말씀이다.

어떤 길은 사람의 보기에 바르나 필경은 사망의 길이니라(잠14:12)

예수께서 말씀하신 좁은 길은 무엇일까? 탕자처럼 살았던 30대 후반 내가 술과 담배 그리고 밤새워 하던 카드놀이 등 세상의 모든 즐거움과 관계를 끊었을 때 직장 동료들은 나에게 무슨 재미에 사느냐고 했다. 생명의 주님을 다시 만남으로 얻는 참 위로와 영혼의 기쁨과 평강을 모르기에 그런 말들을 했던 게다. 저녁에 들어가 새벽녘에야 나오던 룸살롱 대신 어두운 새벽 주님 만나려고 교회로 가기 시작했고 그러다 더러 그 시각 퇴근하는 룸살롱의 낯익은 아가씨들과 마주치곤 했는데 이쪽은 안타까운 눈빛으로, 저쪽은 고개를 숙인 채로 서로 다른 길로 향했고 그렇게 도착한 교회 한 구석에 엎드려 기도하고 찬양하며 다시금 주님의 사랑에 붙들려 뜨거워지곤 했다.

내게 있어서 넓은 길과 좁은 길의 갈림길은 포항이었다. 그곳에서 육체적으로 재미있는 삶과 재미없는 삶이 갈렸다. 영적으로 죽었던 삶과 소생하는 삶으로 갈렸다. 룸살롱과 교회로 갈렸다. 결국 목사가 되었고 은퇴 후 그 동안 나와 함께 십자가를 지다 지금은 넘어져 장애가 온 아내를 부축하며 또 다른 작은 십자가를 함께 지고 아내의 비틀거리는 발걸음에 맞춰 좁은 길을 가고 있다. 함께 발을 뗄 때마다 맘속으로 되뇌인다.

그러므로 우리가 낙심하지 아니하노니
겉 사람은 후패하나
우리의 속은 날로 새롭도다(고후4:16)

그러면 '상처받은 치료자(The wounded healer)'의 저자인 헨리 나우엔 사제를 생각하게 된다. 예일대와 하버드의 석좌 교수였던 그분이 53세 되던 1985년에 모든 교수직을 그만두었다. 단 여섯 명의 정신박약아가 있는 카나다 토론토 북쪽 리치몬드에 있는 '데이브레이크(daybreak, 동틀 녘)공동체'로 가서 그들의 몸도 씻어주고 밥도 먹여주고 옷도 입혀주고 대소변도 처리해주며 돌봐주려고 명예와 부와 존중이 있는 교수직을 스스로 내던졌다. 그곳에서 그는 노아라는 이름의 단 한 명의 장애우를 위해 성찬을 베풀기도 했다. 그러다가 1996년 9월 21일, 64세를 일기로 세상을 떠났다. 하버드에서 장애인공동체로, 교수에서 봉사자로, 높은 곳에서 낮은 곳으로, 넓은 길에서 좁은 길로 갔던 그였다.

그런데 이러한 좁은 길엔 두 가지 돌봄이 있다. 연약한 자의 돌봄과 자기돌봄. 여기서 자기 돌봄이란 자기의 영혼을 돌아보는 자기성찰을 말한다. 동생 아벨을 돌보기는커녕 돌로 쳐 죽인 가인처럼 그 동안 나만 알고 살아왔다는 자기성찰. 입술로는 가인처럼 '내 죄악이 너무 중하여 견딜 수가 없나이다(창4:13)' 라고 말하지만 죄와 싸우지는 않고 오히려 하나님과 거리를 두었던 자기성찰 말이다.

가인이 여호와의 앞을 떠나 에덴 동편 놋 땅에 거하였더니(창4:16)

그렇게 넓은 길만 걸었던 본인과 정직하게 마주해야 하는 것이고 그것 또한 자기 몫으로 주어진 육체의 십자가인 것이다. 헨리 나우엔도 그곳에서 그런 고백을 했다.

험준한 산 중턱에 난 좁은 외길에서 산양 두 마리가 마주쳤다. 아래로는 아득한 깊이의 계곡이었고 위로는 수직으로 솟은 절벽이었다. 너무 좁은 길이어서 뒤로 돌아설 수도 없었고 뒷걸음칠 수도 없었다.

어떻게 해야 했을까? 내가 먼저 지나가겠다고 주장하는 대신 그 중 한 마리가 무릎을 꿇고 엎드려서 최대한 등을 반듯하게 펴고는 다른 양이 그 위를 밟고 지나가게 했다.

예수께서 하늘나라의 드높은 영광을 버리시고 낮은 이 땅에 내려와 우리 죄를 위해 십자가에서 죽으심이 그와 같다. 그는 우리 죄와 하나님의 의가 절벽 외길에서 만난 산양처럼 마주하고 있음을 보시고 우릴 위해 우리

발 밑에 종처럼 납작 엎드려 길이 되셨다. 그렇게 우리의 생명 길이 되셨고 우리는 그로 인해 용서를 경험하고 영원한 하나님 나라를 소유하게 되었다. 그런 우리에게 빌립보서에 이렇게 말씀하셨다.

너희 안에 이 마음을 품으라 곧 그리스도 예수의 마음이니
그는 근본 하나님의 본체시나
하나님과 동등됨을 취할 것으로 여기지 아니하시고
오히려 자기를 비어 종의 형체를 가져 사람들과 같이 되었고
사람의 모양으로 나타나셨으매 자기를 낮추시고
죽기까지 복종하셨으니 곧 십자가에 죽으심이라(빌2:5-8)

좁은 문으로 가는 좁은 길, 그것은 십자가를 지고 가야 하는 골고다의 언덕길이다. 일컬어 '비아 돌로로사' 곧 슬픔의 길이다. 많은 사람들이 그 길을 올라가지만 슬프지만은 않다. 십자가 없이 올라가기 때문이다. 예수께서 말씀하신 그대로다.

청함을 받은 자는 많되 택함을 입은 자는 적으니라(마22:14)

지난 날 우리 교회는 좁은 문이었을까 넓은 문이었을까? 돌이켜 보면 부끄럽고 죄스러울 뿐이다.

이름 말고 뜻

나더러 주여 주여 하는 자마다
천국에 다 들어갈 것이 아니요
다만 하늘에 계신 내 아버지의 뜻대로 행하는 자라야
들어가리라(마7:21)

성경은 성도가 만나게 될 놀라운 일 두 가지를 말하고 있다. 놀라운 은총과 놀라운 심판. 이름 없고 죄인인 내가 구원받아 생명을 얻고 천국 곧 하나님나라에 들어갈 수 있게 된 것은 나의 착함과 선행 때문이 아니라 전적으로 주님의 은총 때문이라는 것이 놀라운 일 하나이고 반면에 주의 큰 일꾼으로 널리 알려진 이름 있는 사람들이 천국 문 앞에서 거절당하는 놀라운 심판이 그 하나이다. 그리고 거절당하는 사람의 숫자가 매우 많다는 사실도 놀랄 일이다.

그 날에 많은 사람이 나더러 이르되

주여 주여 우리가 주의 이름으로 선지자 노릇하며
주의 이름으로 귀신을 쫓아내며
주의 이름으로
많은 권능을 행치 아니하였나이까 하리니(마7:22)

그런데 그 많은 교인들이 왜 거절당하는 것일까? 왜 알지 못하는 이방인 취급을 받을까? 예수께서 밝히신 그 이유를 보자.

그 때에 내가 그들에게 밝히 말하되
내가 너희를 도무지 알지 못하니
불법을 행하는 자들아
내게서 떠나가라 하리라(마7:23)

불법을 행하는 자들이기 때문이라는 것이다. 그런데 무슨 행위가 불법이었다는 말씀인가? 예수의 제자가 아니면서 곧 예수가 알지 못하는 자면서 자기는 예수를 잘 안다고 하며 예수의 이름을 빙자하여 선지자 노릇하고 귀신을 쫓아내며 권능을 행한 것이 불법이라는 것이다. 사도행전 19장에 보면 당시 많은 유대인들이 그런 짓을 하고 있었다.

이에 돌아다니며 마술하는 어떤 유대인들이
시험적으로 악귀 들린 자들에게 대하여
주 예수의 이름을 불러 말하되
내가 바울의 전파하는 예수를 빙자하여
너희를 명하노라 하더라(행19:13)

그게 불법인 이유는 보이스피싱하는 자들이 검사를 사칭하듯 자기 이득을 위해 예수의 이름을 도적질했기 때문이다. 옛날 임꺽정이 의적으로 유명해지자 곳곳에서 임꺽정을 빙자해 도적질을 해먹는 사람들이 생겨났던 것처럼 말이다. 그들이 임꺽정을 알았어도 임꺽정은 그들을 몰랐을 수 있다. 그래서 임꺽정이 그들을 나무라면 내가 당신 이름 좀 써먹은 덕에 당신이 더 유명해진 게 아니냐, 그렇게 당신 일을 도운 게 아니냐는 식으로 뻔뻔한 항변을 하듯이 '우리가 주의 이름으로 주의 일을 하지 않았느냐'고 주장하는 이들이 있는 것이다.

게다가 그들이 저지른 또 하나의 불법이 있다. 그것은 주의 뜻에 대한 왜곡과 외면이다. 그들은 예수의 이름만 걸어놓고 뭐든지 자기들 뜻대로 했고 하고 싶은 대로 했던 것이다. 하나님의 뜻과는 상관이 없었고 하나님의 뜻을 따를 생각도 없었다. 다음의 구절에 나와 있다.

나더러 주여 주여 하는 자마다 천국에 다 들어갈 것이 아니요
다만 하늘에 계신 내 아버지의 뜻대로 행하는 자라야 들어가리라(마7:21)

한 믿음이 좋은 운동선수에게 술 광고가 들어 왔다. 믿음 때문에 거절했더니 이번엔 대폭 값을 올려서 다시 접근해 왔다. 그래서 고민하다 목사님께 찾아가 말씀을 드렸다. 목사님께서는 스타가 그런 광고를 하면 청소년들에게 유익치 못하다고 하면서 절대 해서는 안된다고 했다. 그래서 광고를 거절해버렸다. 그런데 며칠 후 그 선수는 길거리에서 그 목사님의

얼굴이 실린 광고판을 보았다. 이렇게 쓰여 있었다.

'신의 술, 이것은 하늘이 내려 준 맛'

여기서 또한 우리는 천국 문 앞에서 주님으로부터 외면당하는 자들이 회개의 말을 하는 것을 들을 수가 없다. 주의 종으로 주의 일을 했다는 공로를 자랑할 뿐이다. 그러나 그들이 정작 행해야 했던 것은 '주의 이름을 빙자한 주의 일'이 아니라 '주의 뜻'이었다. 그런 그들에게 주께서는 회개하라는 말씀도 안하신다. 다 끝난 것이다. 하나님 나라의 입구인 심판의 자리는 더 이상 회개와 용서의 기회가 주어지지 않는 곳이기 때문이다. 심령에 화인이 찍힌 후이기 때문에 회개할 맘도 전혀 생기지 않는 곳이기도 하고 말이다.

코카콜라가 오늘날 전 세계 대표 음료수로 자리 잡은 것은 톡 쏘는 탄산의 매력 때문이기도 하지만 신비스럽고 아름다운 병 디자인 컨투어(Contour)병이 있었기 때문에 가능했다고도 한다. 역동적인 곡선 형태의 유리병 디자인이 코카콜라의 브랜드 가치를 극대화하고 있는 것이다.

그와 같이 예수의 이름엔 귀신을 제압하고 병마를 쫓아내는 권세가 있다. 때문에 예수의 이름으로 십자가를 질 생각은 없지만 예수의 이름의 브랜드로 권능을 행하고 축복도 팔아 이득도 챙기며 예수 이름을 이용해

먹은 사람들이 당시 에베소 성읍에 많았던 모양이다. 그러다가 귀신들린 사람에게 혼이 난 일이 있다. 그 숫자가 얼마나 많았는지 사도행전 19장에 기록된 장면이 있다.

믿은 사람들이 많이 와서 자복하여 행한 일을 고하며
또 마술을 행하던 많은 사람이 그 책을 모아 가지고 와서
모든 사람 앞에서 불사르니
그 책값을 계산한즉 은 오만이나 되더라(행19:18,19)

당시 에베소는 20만 명 정도의 인구가 있었는데 주목할 것은 예수 믿지 않던 마술사들은 물론이고 예수 믿는 자들 중에도 그런 사람들이 많았다는 사실이다. 왜 그랬을까? 예수 이름의 이용가치 때문이었다. 그러나 예수 이름은 하나님 나라 소유를 위한 브랜드이지 세상 나라와 세상 축복을 위한 브랜드가 아님을 알자. 예수께서 말씀하셨다.

나더러 주여 주여 하는 자마다 천국에 다 들어갈 것이 아니요
다만 하늘에 계신 내 아버지의 뜻대로 행하는 자라야 들어가리라(마7:21)

내 이름만 부르지 말고 내 뜻부터 행하라는 말씀이다.

축복합니다

그러므로 누구든지 나의 이 말을 듣고 행하는 자는
그 집을 반석 위에 지은 지혜로운 사람 같으리니(마7:24)

'타령' 이란 흥얼거리는 민요조의 되풀이되는 노래를 말한다. 요즘은 교회마다 타령처럼 축복이 넘쳐난다.

"축복합니다, 축복합니다, 축복합니다."

심지어는 일반 상점에도 고객님을 축복한다고 가게 내부에 여기저기 써 붙여 놓는다. 그래선가? 복 받으라는 그 소리, 어째 의례적이거나 장사 속이거나 그냥 듣고 기분 좋아지라고 하는 가벼운 립 서비스 정도로밖에 안들린다. 그렇게 주문처럼, 타령처럼 복을 빌어주면 그것을 듣는 사람은 기분이 좋아질까, 나빠질까? 축복이란 그렇게 가볍게, 싸게, 마구 하는 건 아니라는 생각이 들어 하는 말이다.

그렇다면 하나님 나라에 사는 백성이 받을 수 있는 복은 과연 어떤 것들일까? 예수께서 산 위에서 말씀하신 '위로, 기업, 배부름, 긍휼, 하나님과의 대면, 하나님의 자녀됨, 그리고 천국' 이 여덟 가지가 그것이다.

그런데 이런 축복을 소유할 수 있는 사람들은 누구일까? 다음 여덟 가지의 사람들이라 하셨다. 가난한 자, 애통하는 자, 온유한 자, 의에 목말라 하는 자, 긍휼히 여기는 자, 마음이 청결한 자, 화평케 하는 자, 기쁨과 즐거움으로 핍박받는 자들이다.

그렇게 우리의 삶의 집을 짓는 사람이 무너지지 않는 반석 위에 집을 짓는 일이 되는 것이고 아니면 모래성을 쌓는 것이라고 하셨다. 그런 뜻으로 예수께서는 산상 수훈 말미에 두 종류의 집짓는 사람들 이야기를 비유로 말씀을 마무리하셨던 것이다.

이 비유는 당시대 팔레스타인에 살던 사람들에게는 익숙한 것이었다. 반석 위에 집을 짓는다는 것은 지형적으로 높은 곳을 의미했다. 반석은 그런 곳에 있었기 때문이다. 동시에 그것은 불편함을 뜻했다. 경사진 곳을 따라 물건들을 날라야 했고, 집까지 오고 가는 길도 더 멀었다. 물을 길어 나르는 수고도 컸고 겨울이면 바람도 심해서 추웠다. 그런고로 그런 곳에 집을 짓는 사람은 드물었다.

반면에 강변을 따라 퇴적된 모래로 다듬어진 하상에 집을 짓는 다는 것은 편리함을 의미했다. 오고가는 길도 평지여서 걷거나 물건을 나를 때도 힘이 들지 않았다. 물도 가까이 있었다. 겨울이 와도 그다지 춥지 않았다. 무엇보다도 전원주택같이 경관이 좋았다. 졸졸졸 흐르는 물소리도 들을 수 있었다. 그래서 그 곳에 집을 짓고 사는 사람들이 훨씬 많았다.

그들에게 있어서의 다만 한 가지 염려스런 문제가 있다면 홍수였다. 그러나 웬만해선 홍수가 나질 않았다. 봄이 되어 갑자기 큰 비가 오고 그래서 헬몬 산 위의 만년설이 녹아 쏟아지고 그런 일들이 겹쳐져서 큰 물이 흘러 강변 저지대의 모든 것을 쓰나미처럼 쓸어가는 일이 있을 수 있지만 그것은 한 세대에 한 번 또는 백 년에 한 번쯤 있을까 말까한 일이었다. 그 한 번 때문에 백 년 간의 안락함을 포기할 일은 아니란 생각들이었다. 그들은 그것이 지혜라고 생각한 것이다.

여러분이라면 어디를 선택할 것인가?

회전이 느린 폭탄 돌리기처럼 평생에 한 번쯤 또는 백 년에 한 번쯤 올지도 모를 그런 물 폭탄을 대비해서 반석 위에 집을 지을 것인가, 아니면 현실적으로 그리고 확률적으로 더 지혜로워 보이는 모래 위에 지을 것인가?

예수께서는 모래 위에 집을 짓는 사람들을 어리석다 하셨다. 돌림 폭탄은 반드시 터질 것이고 그렇게 되면 이미 대책을 세우고 말고 할 틈이 없을 것이기 때문이다. 그런데 많은 사람들이 '언젠가는 반석 위로 옮겨야지, 하지만 지금은 아닐 거야' 하며 노아 홍수 시대의 사람들처럼 '무감각한 낙관주의'에 잡혀 산다.

이 말씀은 우리에게 불편함을 준다. 비록 그 말씀이 경이롭고 백 번 천 번 옳은 말씀일지라도 지키기 매우 어렵기 때문이다.

그래서 복은 받고 싶고 지키기는 싫고 해서 묘수가 없을까 하는 사람들에게 돌파구로 제시하는 달콤한 제안이 있다. 뭘까? 밑도 끝도 없이 들이미는 '축복합니다'이다. 듣기에 따라 하나님 나라의 축복 같기도 하고 세상 축복 같기도 하다. 그래서들 이현령비현령(耳懸鈴鼻懸鈴) 값없는 이 말을 그렇게 많이 쓰는 모양이다.
알아서 들으라고.

그러니까 그 말일랑은 생각 좀 하고 말하고 들으면서도 생각 좀 해야 한다. 쌀과 잡곡을 섞어 지은 밥을 쌀이 들어갔으니까 쌀밥이라고 말할 수 없는 것처럼 하나님 나라의 축복과 세상 나라의 축복을 마구잡이로 섞어

말해 놓고는 듣는 사람이 알아서 들으라면 사람 바보 만들고 속이는 영
악한 간교함이 되기 때문이다.

창세기 3장 1절 말씀이다.

여호와 하나님의 지으신 들짐승 중에
뱀이 가장 간교하더라

놀 람

세상은 답변 아닌 물음을 준다. 문제들로 뒤덮여 있기 때문이다. 그러나 모든 문제는 두 가지로 분류될 뿐이다. 하나는 사변(思辨)의 문제 또 하나는 종교의 문제이다. 사변의 문제는 자기가 무엇을 확실히 알고 있다고 생각하는 사람들이 제기하는 문제이고 종교의 문제는 자기가 뭘 모른다고 생각하는 사람들의 놀람에서 제기되는 문제이다.

예수를 대할 때마다의 사람들의 반응은 '놀람'이었다. 그래서 복음서에는 예수님과 관련하여 '놀람'이라는 단어가 31회 나온다. 사람들은 예수의 무엇을 보고 놀랐던 것일까? 대체적으로 두 가지 경우의 '놀람'이 있다.

갈릴리 해변 어느 이른 아침, 밤새 조업을 했지만 물고기 한 마리 잡지 못해 그물을 거두고 있던 시몬이라는 어부에게 한 청년이 다가와 말했다.

"깊은 데로 가서 그물을 내리라."

반신반의했지만 그물을 내렸는데 두 배 가득히 채우고도 남을 고기가 잡혔다. 이에 시몬 베드로가 예수라는 이름의 청년 무릎 아래 엎드리며 '주여 나를 떠나소서. 나는 죄인이로소이다' 라고 했는데 그 이유가 눅5:9,10에 설명되어 있다.

이는 자기와 및 함께 있는 모든 사람이
고기 잡힌 것을 인하여 놀라고
세베대의 아들로서 시몬의 동업자인
야고보와 요한도 놀랐음이라

이렇게 예수께서는 사람들을 능력으로 놀라게 하셨다. 친구들에 의해 들려온 중풍병자가 일어 날 때도 그랬다.

모든 사람이 놀라 하나님께 영광을 돌리며
심히 두려워하여 가로되
오늘날 우리가 기이한 일을 보았다(눅5:26)

그렇게 귀신들린 자를 자유케 하셨고, 문둥병자들을 고치셨고, 손 마른

자, 혈루병 여인, 소경을 고치셨고, 물로 포도주를 만드셨고, 오병이어로 5천 명도 먹이시고 4천 명도 먹이셨다.

그런가 하면 시장하신 예수께 잎만 무성하여 아무런 열매도 제공하지 못하는 무화과나무를 예수님이 저주하자 말라 죽었고 그와는 반대로 죽은 야이로의 딸을 살리셨고 상여에 메어 나가는 나인성 과부의 아들도 살리셨고 죽은 지 나흘이나 된 무덤 속의 나사로도 살리셨다. 그럴 때마다 사람들은 그 능력에 놀랐다.

그뿐 아니다. 풍랑 일어 배가 뒤집힐 지경일 때 바람과 바다를 꾸짖어 잠잠케 하셨고 이에 제자들이 자연까지 복종케 하는 그 능력에 기이해했다. 완전히 놀랐다는 뜻이다. 이처럼 예수께서는 지금도 그 능력으로 우리를 놀라게 하신다.

그런데 능력만으로 놀라게 하신 게 아니다. 적폐청산은 좋은 일이지만 사람까지 청산하려 드는 것은 '배척의 윤리'인 것을 알자. 바리새인들이 그랬다. 그들은 그 배척의 윤리로 자신들을 거룩하게(?) 지킬 수 있다고 생각했다.

때문에 그들에겐 긍휼이 없었다. 죄인에게 하나님의 은총이 있어서는 안 되는 일이었기 때문이다. 병도 고통도 죄의 결과로 여기던 그들이었기에 그들과 함께 있는 한 죄인들은 희망이 없었다.

그런데 예수는 그 죄인들에게로 다가가셨다. 간음하다 잡혀온 여인을 돌로 치려는 것은 서기관들의 윤리 곧 '배척의 윤리'였다. 그런데 예수께서 그들에게 죄 없는 자가 먼저 돌로 치라고 하자 모두가 도망갔다. 이에 예수께서는 홀로 남은 여인에게 말씀하셨다.

"나도 너를 정죄치 않는다. 다만 다시는 범죄치 말라."

그것이 예수의 윤리이다. 곧 예수의 하나님 나라 윤리는 죄인을 용서하고 받아들이는 '영접의 윤리'인 것이다. 이것이 사람들을 놀라게 했다.

그런데 예수로 사람들만 놀라는 게 아니다. 사람들로 예수께서도 놀라신다. 예수의 고향에서였다(막6:1-6). 고향 사람들이 예수를 영접하지 않은 것이다. 그들은 그곳 회당에서 직접 들은 예수의 가르침엔 놀랐으나 예수를 인정하려하지는 않았다. 그들 앞에 나타난 새로운 모습의 예수가 낯설고 익숙치 않았기 때문이다.

영화 "쇼생크 탈출"에 이런 대사가 나온다.

처음 감옥에 들어오면
저 철조망을 미워하게 된다.

예수의 고향 사람들이 그랬다. 그래서 예수께서 거기서는 아무 권능도 행하지 못하시며 그들의 불신에 매우 놀라셨다.

반면에 그 반대의 경우도 있다. 로마의 백부장이다(눅7:1-10). 자기 집의 종이 병이 들자 예수께 사람을 보내 그를 구원해 주십사고 하였다. 평소 유대인들에게 잘해주는 사람이라는 평판이 있었던 고로 예수께서 손수 그 집으로 가시려는데 그가 사람을 보내어 말했다.

"말씀만 하사 내 하인을 낫게 하옵소서!"

이에 예수께서는 저를 기이히 여기셨다고 했다. 놀라셨다는 말이다. 그리고 그의 말대로 해주셨다.

미국 시카고에 살았던 가난한 과부인 호칸슨 여사는 '여호와 이레' 곧 여호와께서 준비하시리라는 신앙의 소유자였다. 아무리 삶이 혹독해도 그녀는 결코 미소를 잃지 않고 믿음을 저버리지 않았다. 그래서였는지 그녀의 무거운 짐은 언제나 하나님께서 처리해 주셨고 필요한 물질을 공급해주셨다.

그런데 문제는 저능아인 그녀의 아들이었다. 그러다 만성관절염을 앓고 있던 그녀가 침대에 누워 꼼짝도 할 수 없게 되자 교회에서 위로차 젊은 이들이 심방을 했다. 그러나 전혀 평안한 그녀의 모습에 오히려 청년들이 놀라며 물었다.

"앞으로 어떻게 하실 겁니까? 아드님은요?"

그러자 그녀는 조용히 그리고 확신에 찬 목소리로 말했다.

"주께서 예비하실 겁니다."

얼마 후 호칸슨 여사는 죽었다. 많은 사람들이 그녀의 아들의 장래를 염려했다. 장례식을 치른 후 친척들과 친지들이 그 아들과 함께 집에 돌아왔을 때 그는 그 동안 수집해 온 우표를 꺼내들고 자랑하였다.

그런데 모든 편지는 봉투가 개봉되지 않고 우표가 붙여진 채로였다. 그는 돌아가신 어머니에게 온 편지들을 가로채 수집해 뒀던 것이다. 놀랍게도 편지들 속엔 그가 평생 먹고 살고 남을 만큼의 기부금들로 가득차 있었다.

예수를 하나님으로 알지 않고 사회 개혁가나 지혜자나 스승 정도로 아는 불신의 사람들은 예수가 베푸는 권능의 은혜를 받지 못한다. 그러나 예수가 하나님의 아들이심이 놀랍고 십자가 구원이 놀랍고 성령으로 동행하심이 놀랍고 치유하심이 놀랍고 그렇게 하나님 나라를 주심이 놀라운 사람의 믿음을 예수께서 오히려 놀라워하신다. 그리고 놀라운 은혜를 주신다.

빅폴을 만난 것처럼

두려워하지 말라
너희는 많은 참새보다 귀하니라(마10:31)

왓슨(Ian Pitt Watson)이라는 목사가 그의 어린 딸이 헝겊 인형을 무척이나 사랑했던 이야기를 했다. 어찌나 낡았는지 인형이라기보다는 걸레에 가까운 것이었지만 딸은 그것만 좋아하더라는 것이다. 그 모습을 보고 그는 말했다.

"어떤 것은 귀하기 때문에 사랑받지만, 또 어떤 것은 사랑받기 때문에 귀합니다."

참새 한 마리가 땅에 떨어졌다고 해서 그것이 하나님으로부터 떨어짐은 아니라고 예수께서 제자들에게 말씀하셨다. 그 순간조차도 참새는 하나님의 돌보심 아래 있다는 뜻이다. 그러면서 너희는 하나님께 참새보다 귀한 존재이니 두려워하지 말라고 하셨다. 이는 예수께서 제자들에게 능력을 주시고 세상에 내보내시면서 하신 말씀이다.

병든 자를 고치며 죽은 자를 살리며 문둥이를 깨끗하게 하며
귀신을 쫓아내되 너희가 거저 받았으니 거저 주어라(마10:8)

그러나 이어서 너희가 능력으로 하나님 나라를 전하여도 언제나 환영받지는 못할 것이고 오히려 어려움을 당할 것이라고 하셨다.

사람들을 삼가라 저희가 너희를 공회에 넘겨주겠고
저희 회당에서 채찍질 하리라
또 너희가 나를 인하여 총독들과 임금들 앞에 끌려가리니(마10:17,18)

그리고 그 이유를 이렇게 말씀하셨다.

이는 저희와 이방인들에게 증거가 되게 하려 하심이라(마10:18)

그들이 전할 하나님 나라는 세상 나라와는 다르기 때문이라는 뜻이다. 그래서 일제강점기 옥사한 신앙인 시인 윤동주나 주기철 목사처럼 죽을 수도 있다는 뜻이다. 일제의 신사참배를 거부한 것은 그들의 왕인 소위 천황폐하에 대한 위험한 도전으로 간주되었기 때문이다.

이 말을 들은 제자들, 당연히 두려웠을 것이다. 아무리 능력으로 무장되었다고 하더라도 과연 그런 세상으로 가고 싶었을까? 그런 그들의 마음이 얼굴에 나타났던 모양이고 그래서 예수께서 말씀하셨던 모양이다.

두려워 말라.
하나님이 함께 하신다.
그것이 고통의 시간일지라도
심지어는 죽음의 순간일지라도 말이다
그런고로 그런 일을 당하더라도
그것이 너희 나라의 왕이신 하나님이
결코 널 버리시거나 떠나신 것이 아님을 알라.
세상 나라 왕은 너희 육신을 죽일 수 있을지 몰라도
영혼까지 멸하지는 못한다.
너희 왕이 그들을 심판하실 것이다.
세상이 보기에 너희는 하잘것없는 걸레 인형 같겠지만
내게는 귀하고 귀한 존재이다.

이는 예수께서 믿음의 본질을 이야기한 것이다. 우리가 햇빛 잘 드는 산 위에 있을 때 믿음을 말하기는 쉬운 일이지만 진정 그 믿음이 진실인지 아닌지 판명되는 건 산 아래 시험의 골짜기에 있을 때라는 말씀이다.

성경에서 세상 나라로 상징되는 바벨론 제국에 끌려가 포로의 신분이었기에 믿음조차도 허용되지 않았던 다니엘이나 그 세 친구들이 그랬다. 사자 굴에도 떨어졌고 풀무불 속에도 던져졌다.

왕후 에스더는 하나님의 백성인 유대 민족이란 이유로 자기 민족과 함께 죽을 위기에 몰리기도 했다. 그럼에도 그들은 두려워하지 않았고 '죽으면 죽으리라'는 신앙으로 세상 권세가 하나님 나라를 이길 수 없음을 보여 주었다.

예수의 제자로 하나님 나라의 삶을 산다는 것이 그런 것이다. 세상 사람들은 우리가 곤경에 처하면 그렇게 네가 전도하고 증거하고 자랑하던 네 하나님이 어디 있느냐고 묻는다. 심지어 교인들조차도 욥이 여호와 신앙 때문에 곤경에 처했을 때 그의 세 친구들이 욥에게 뭔가 문제가 있기 때문이 아니냐고 정죄했던 것처럼 그렇게 비아냥댄다. 그런데도 하나님이 여전히 보이지 않고 고통이 계속되면 사람들 말처럼 하나님이 정말 나를 떠나신 것 아닌가 의구심도 들고 절망과 두려움에 빠지기도 한다.

김혜영 씨는 『당신도 언젠가는 하나님을 만날 거야』라는 책에서 이런 이야기를 했다.

편물 기술을 가르치고자 보츠와나에 온 지 4년이 지났을 무렵입니다. 재정 악화로 한국인 교사들이 하나둘씩 학교를 떠나고 아이들도 집으로 돌아가면서 미래가 점점 막막해지고 있었습니다. 저 또한 하루에 열두 번씩 한국에 가야 할지 말아야 할지를 고민하고 있었지요. 그리고 어느 날 가방을 싸서 무작정 떠났지요. 수중에 항공료가 남아 있지 않아 한국이 아닌 또 다른 아프리카로. 짐바브웨와 잠비아 국경에 있는 빅토리아 폭포로 말입니다. 그런데 세상에 사막 한 가운데 그런 곳이 있는 줄 몰랐습니다. 매 순간 떨어지는 거대한 물줄기는 눈물이 나도록 아름다웠습니다. 그리고 알게 되었지요. 인생이 언제나 사막 같지는 않겠구나. 타박타박 걷다 보면 언젠가 빅토리아 폭포 같은 웅장한 세월을 만나겠구나. 다시 돌아간 학교에는 사람들이 모두 떠나고 없었고, 막상 혼자라는 생각을 하니 또 다시 두려움이 엄습했습니다. "하나님, 아무도 없는데, 저 혼자인데, 제가 무엇을 할 수 있겠어요?" 기도는 침묵이 되고 이내 눈물이 되었습니다. 모래바닥에 주저앉아 한참을 울었습니다. 그때 작은 목소리가 들렸습니다. "여기서 나와 같이 살자." 그 목소리는 제게 학교를 일으켜야 한다고 말하지 않았습니다. 어려운 사람들을 도와주라고 하지도 않았습니다. 그저 함께 있자고만 했습니다. 그거면 충분하다고. 저는 흐르는 눈물을 닦고 바닥에서 일어났습니다. 그랬구나. 내 안의 하나님은 그걸 원하고 계셨구나. 그제야 사람들이 떠난 이유를 알 것 같았습니다. 우리는 학교를 세우고 복음을 전하고 불쌍한 이들을 도우러 갔지 함께 살려고 간 것이 아니었습니다. 그렇게 새로운 길을 발견하자마자 마치 기다렸다는 듯이 학교 이사회로부터 연락이 왔고 마침내 학교 문을 닫은 지 8개월 만에 아이들이 다시 돌아 왔습니다. 빅폴, 곧 빅토리아 폭포를 만난 것처럼.'

하나님의 백성이 그 나라의 일을 하다가 고난을 당할 경우 그것이 하나님으로부터 포기되었거나 버림받았음이 아니라는 것이고 여전히 그분께

귀한 존재라는 말씀이다.

그래서 하신 "두려워 말라"는 말씀, 이사야는 이렇게 표현하고 있다.

야곱아 너를 창조하신 여호와께서
이제 말씀하시느니라
이스라엘아 너를 조성하신 자가
이제 말씀하시느니라
너는 두려워 말라 내가 너를 구속하였고
내가 너를 지명하여 불렀나니
너는 내 것이라
네가 물 가운데로 지날 때에
내가 함께 할 것이라
강을 건널 때에 물이
너를 침몰치 못할 것이며
네가 불 가운데로 행할 때에
타지도 아니할 것이요
불꽃이 너를 사르지도 못하리니
대저 나는 여호와 네 하나님이요
이스라엘의 거룩한 자요
네 구원자임이라 (사43:1-3)

마태복음 11:3

확증편향 믿음

오실 그이가 당신이오니이까(마11:3)

산행을 하던 한 남자가 발을 헛디뎌 절벽 아래로 떨어지다가 가까스로 절벽 사이 나뭇가지를 붙잡고 매달렸다. 그리고 소리를 질렀다.

"거기 위에 누구 없소?"

뜻밖에도 음성이 들려왔다.

"있다. 난 하나님이다."

이에 그 남자가 다급하게 애원했다.

"오우, 하나님! 제가 이제 팔에 힘이 빠져 더 이상 버틸 수가 없습니다.

속히 도와주십시오."

"그렇다면 지금 붙잡고 있는 것을 놓아라."

잠시 침묵이 흐르더니 나뭇가지를 붙잡고 있던 그가 사뭇 달라진 어투로 다시 외쳤다.

"혹시, 그 위에 다른 누구 없소?"

확증편향(確證偏向, Confirmation bias)이란 게 있다. 자기 생각이나 믿음 또는 신념을 버리기 싫어하고 매사를 거기에 끼워 맞추려는 경향을 말한다. 쉬운 말로 믿고 싶은 것만 믿고, 듣고 싶은 것만 듣고, 보고 싶은 것만 보려는 경향이다. 예를 들면 19세기 서양 사람들은 그림이란 실제와 똑같이 묘사하는 것이어야 한다고 생각했던 것과 같다. 그러다 인상파라는 그림이 등장하자 미술로 받아들일 수가 없었다. 그냥 '물감범벅'으로밖에 보이질 않았던 것이다. 평론가들은 인상파 화가들의 전시회를 보고 '벽지로도 쓸 수 없다'고 혹평하기도 했다.

세례요한이 자신의 제자들을 보내 예수께 물었다.

"오실 그이가 당신이오니이까? 우리가 다른 이를 기다리오리이까?"

이는 광야의 선지자 세례 요한이 나름대로 생각한 예수가 있다는 뜻이다. 누가복음에 나온다.

요한이 모든 사람에게 대답하여 가로되
...나보다 능력이 많으신 이가 오시나니
...그는 손에 키를 들고
자기의 타작마당을 정하게 하사
알곡은 모아 곡간에 들이고
쭉정이는 꺼지지 않는 불에 태우시리라(눅3:16-17)

말하자면 세례요한의 예수는 이스라엘만의 구원자였다. 다윗 왕국이 바벨론에 멸망한 후 4백여 년이 지나도록 왕조는 회복되지 못했고 로마의 식민지배 아래 있었다. 그런데 그들의 예언자들은 반복하여 다윗의 보좌를 회복할 왕, 곧 이스라엘의 구원자 메시아의 출현을 예언하였고 그래서 그 왕의 귀환을 대망하고 있었던 것이다. '오실 그이'가 그런 의미의 용어였다.

그래서 세례 요한을 비롯한 제자들은 예수가 '오신 그이'라고 생각했고 때문에 세례요한의 제자였던 안드레, 로마로부터의 독립운동을 하던 열심당원인 베드로 등이 예수의 제자로 합류했던 터였다. 그들에게 있어서의 예수는 승리의 왕으로서의 예수, 능력의 예수, 회복의 예수, 요즘 말로 만사형통과 축복의 예수였다. 성경에 예언된 메시아가 먼저는 고난받는 메시아, 나중은 왕으로 오실 메시아로 이중적임을 알면서도 그랬다.

그런데 그들은 고난받는 메시야는 안중에도 없었다. 뵈는 거라곤 왕으로 오실 메시아 뿐이었고 게다가 그들만의 메시아였다. 이를테면 믿고 싶은 것만 골라 믿는 신앙의 확증편향이었던 것이다. 뇌가 편해져서 그런다는 심리학자들의 의견이다. 에너지 소모도 적고 힘들지도 않고 힘든 게 싫어서 그런다는 것이다.

내가 아는 어느 교회에서 있었던 일이다. 전교인 체육대회를 하게 되었는데 돈 좀 있는 총 여전도회장 권사가 모든 준비를 했다. 그런데 막상 행사 당일 그 권사가 보이질 않았다. 알고 보니 햇빛에 얼굴이 탈까봐 안 나왔다는 것이다. 그런데 그 권사, 얼굴 탈 일 없는 새벽기도는 한번도 빠지지 않는다고 했다. 그런데도 예수께선 그들을 사랑하실까? 예수께서 답변하신 걸 보면 알 수 있는 일이다. 이렇게 말씀하셨다.

예수께서 대답하여 가라사대
너희가 가서 듣고 보는 것을 요한에게 고하되
소경이 보며 앉은뱅이가 걸으며
문둥이가 깨끗함을 받으며
귀머거리가 들으며
죽은 자가 살아나며
가난한 자에게 복음이 전파된다 하라(마11:4,5)

두 가지를 말씀하셨다. 하나는 가난한 자와 고통받는 자들이다. 이사야 61장의 예언대로 예수 자신은 고통 받는자들의 그이라는 말씀이다. 또 하나는 소경, 앉은뱅이, 문둥이, 귀머거리, 죽은 자, 가난한 자의 족속을 특정하지 않으셨다는 사실이다. 유대인만을 위해 오신 그이가 아니라는 말씀이다. 예수 자신은 세상 모든 이들의 그이라는 말씀이다. 이는 세례 요한이 가진 편향적 기대와 믿음에 잘못된 점도 있을 수 있음을 깨닫게 하시려는 배려의 권면이시다.

예수께 사람을 보내 질문을 했던 세례요한처럼 그래도 그 권사가 새벽 기도를 거르지 않고 교회에 나오는 것만 해도 어딘가! 이제 '오신 그이'의 말씀대로 편향된 믿음을 고치기만 하면 된다.

윤형방황 탈출

수고하고 무거운 짐 진 자들아
다 내게로 오라 내가 너희를 쉬게 하리라(마11:28)

'윤형방황(輪形彷徨)'이란 게 있다. 어떤 사람이 눈길에서 길을 잃고는 13일 동안이나 방황하다가 구조되었다. 그는 길을 찾아 하산하기 위해 매일 12시간씩 걸었는데 알고 보니 반경 6Km 이내에서 왔다 갔다 했던 것이다. 정상적인 사람도 실제로 눈을 가리면 똑바로 걷지 못한다. 20m 정도 걸으면 4m 정도의 간격이 생기고 계속 걷게 되면 결국 큰 원을 그리며 돌아와 제자리에 오게 된다. 이런 현상을 '윤형방황'이라고 한다.

알고 보면 모두의 삶이 그렇다. 목표를 향해 쉴 틈 없이 달려 왔지만 언뜻 서서 살펴보면 결국 달라진 게 하나 없는 그냥 그 자리에 서 있는 것 같은 자신을 보게 되기 때문이다. 그래서 시편 기자는 이렇게 말했다.

우리의 연수가 칠십이요
강건하면 팔십이라도
그 연수의 자랑은
수고와 슬픔 뿐이요 신속히 가니
우리가 날아가나이다(시90:10)

세상에서 가장 부요한 삶을 살았다는 솔로몬조차도 그의 인생을 이렇게
회상했다.

그 후에 본즉
내 손으로 한 모든 일과
수고한 모든 수고가
다 헛되어
바람을 잡으려는 것이며
해 아래서 무익한 것이로다(전2:11)

결국 우리는 인생의 출발점에서나 종점에서나 수고로움을 맴돌 뿐이라는
이야기다. 여정이 끝나면 쉼이란 게 있어야 하는데 그렇질 못한 것이다.

그러다 죽으면 그만일까? 영원한 쉼? 그렇지 않다는 게 성경 말씀이다.
새로운 출발일 뿐이라고 말한다. 자칫 잘못하면 저 세상에까지도 수고와
슬픔을 가져갈 수가 있기 때문이다. 이런 우리들이 이 세상에서나 저 세
상에서나 윤형방황의 수고로움이 아닌 쉼을 얻는 삶을 살려면 어떻게 해
야 하는 걸까?

그런 우리에게 들려오는 음성이 있다. 곧 예수의 음성이다.

수고하고 무거운 짐진 자들아 다 내게로 오라
내가 너희를 쉬게 하리라

덴마크 출신의 기독교신앙의 실존주의 철학자 키르케고르가 쓴 우화가 있다. 어떤 부자가 뛰어난 말 네 마리 한 팀을 샀다. 그러나 그 집의 조련사는 서툴렀고 미숙했다. 하지만 말들이 워낙 좋은 고로 별 문제없으리라 생각했다. 그런데 몇 달 후 말들에게서는 당당함이 사라졌다. 무기력하고 완만하고 산만한 걸음걸이로 변했고 체력도 엉망이었고 전에 없던 이상한 버릇들도 가지고 있는 게 보였다. 그래서 부자는 왕실 마부에게 조련을 부탁했다. 한 달 후 말들은 새 조련사의 음성에 익숙하게 되었고 고개는 높이 들고 눈빛은 빛나고 걸음걸이는 힘차고 우아했다. 키엘케골은 이렇게 말했다.

"우리의 삶은 누구의 음성을 듣느냐에 따라 달라집니다."

사막의 대상들은 물이 떨어지면 낙타 한 마리를 먼저 보내 물을 찾게 한다고 한다. 낙타는 물 있는 곳을 찾는 능력이 있기 때문이다. 물론 그 낙타 위에는 한 명의 사람이 타고 있다. 그리고 좁은 간격을 두고 이어서 그 다음 낙타를 뒤따르게 한다. 그렇게 그 다음 그 다음 연이어 보낸다. 그러다가 맨 앞서 나간 낙타가 물을 발견하면 그는 큰 소리로 뒤를 보고 외친다는 것이다.

"오라!"

그러면 그 외침을 들은 그 다음 사람 또한 '오라!'고 외친다. 그렇게 연이어 뒤로 뒤로 전달하면 온 사막이 '오라!'는 외침으로 가득 메아리친다. 그 안도스러운 기쁜 소식이 맨 뒤에까지 도달되는 시간은 극히 짧아서 오아시스를 발견한 첫 번째 사람이 물 한 모금을 맛보기도 전에 이미 맨 뒤에까지 전달된다.

우리는 오늘 '다 내게로 오라'는 예수의 음성을 듣는다. 그는 사막의 낙타 이상이다. 드론처럼 하늘에서 길을 내려다 보시며 쉼이 있는 곳으로 우리를 안내하신다. 그렇게 그는 우리의 생명과 길이 되신다. 때문에 우린 그 분의 음성을 듣고 그분에게만 집중하고 가면 그만이다.

한 청년이 목사님의 설교에 큰 은혜를 받았다. 그래서 설교 말씀대로 실천하기로 했다. 그날 설교 말씀은 베드로가 물 위를 걸은 내용이었다. 다음 날 이 청년은 한강으로 갔다. 무릎 꿇고 기도를 한 후 일어나 '주여, 믿습니다!'를 세 번 외치고는 물 위를 걸었다. 그런데 첫 발자국부터 풍덩 물속으로 빠져버렸다. 믿음이 부족했나보다 싶어 물가로 헤엄쳐 나와 다시 하늘을 향해 두 팔을 번쩍 들고 '주여 믿습니다'를 세 번 크게 외친

후 또 뛰어들었다. 그러나 이번엔 죽을 뻔 했다. 이 청년은 교회에 와서 목사님에게 따졌다. 믿음이 있으면 무엇이나 가능하다고 하시지 않았느냐, 그런데 왜 물에 빠져 죽을 뻔 했느냐고. 청년의 이야기를 다 듣고 난 목사님께서 그 청년에게 물었다.

"예수님이 오라고 하시던가?"

잠시 머뭇거리던 그 청년이 '아니요' 라고 했다. 그러자 목사님 이 그에게 물었다.

"그런데 왜 물 위를 걸어갔었나?"

예수의 음성 대신 자기 소리만 듣다 보면 우리네 인생은 자주 그렇게 된다. 그 또한 윤형방황이다.

이제 내가 살아도

이 악한 세대가 또한 이렇게 되리라(마12:45)

『The will of the meaning(삶의 의미를 찾아서)』라는 책은 유태계 심리학자인 빅토르 프랑클이 2차 세계대전 당시 나치 수용소에 수감되었던 경험을 바탕으로 쓴 책이다. 그 책에서 그는 말하기를 지옥 같았던 그 수용소에서도 살아남는 사람들이 있었는데 그들은 그곳에서조차 뭔가 삶의 의미를 찾는 사람들이더라는 것이다. 그렇지 않은 사람들 곧 '존재적 진공상태(Existential vacuum)'에 있던 사람들은 죽어가고 말이다.

곧 존재는 하되 진공처럼 속은 텅텅 비어 있는 상태는 생존에 위험이 된다는 뜻이다. 그리고 그렇게 되는 것은 두 가지의 경우가 있는데 하나는 남이 하는 대로 무조건 따라하는 '동조주의'이고 다른 하나는 남이 강

압적으로 해 주길 원하고 그대로 따라 가는 '전체주의에의 순응'이라는 것이다. 곧 사람의 속마음이 비어 있을 때가 가장 위험하다는 뜻이다.

그런데 죄를 회개하여 깨끗하게 된 심령의 경우는 어떨까? 그것도 위험할까?

답변은 '그렇다'이다. 우리 죄가 깨끗하게 소재되고 심령이 맑아졌다고 느낄 때 우리는 영적으로나 심적으로나 안도하고 개운해 한다. 그런데 그게 위험천만한 일이라고 예수께서 말씀하신다. 자연은 빈 공간을 그대로 놓아두지 않으려 하는 것처럼 영혼 또한 빈 공간 곧 영적 진공상태 그대로 유지되기 어렵기 때문이다.

이를 예수께서 비유로 말씀하셨다. 사람 속을 자기 집처럼 차지하고 살아가던 더러운 귀신 하나가 쫓겨났는데 막상 갈 데가 없었다는 것이고 그래서 혹시나 하고 전에 있던 집에 다시 가보았더니 자기가 있을 때 더럽기 그지없었던 그 집이 깨끗이 청소되고 수리까지 되어 있더라는 것이다. 게다가 아직 아무도 없는 빈 집이더라는 것이다. 그래서 옳다구나 다시 들어가 그곳을 차지하고 살기 시작했는데 친구 귀신 일곱을 더 데리고 들어갔고 그래서 그 집의 형편이 전보다 심하게 더 나빠졌다는 것이다.

이 비유는 단순히 한 귀신들린 사람만의 이야기가 아니다. 이 비유의 말미에 예수께서 말씀하셨다.

이 악한 세대가 또한 이렇게 되리라(마12:45)

곧 얼마 지나지 않아 예수를 십자가에 못박아 죽인 그들, 곧 당시대의 유대인들을 지칭하셨다. 이방인들이 아니었다. 오늘 날로 치면 교회에 속한 교인들을 의미했다. 왜 그런 말씀을 하셨을까?

그들은 세례요한에게서 회개의 세례를 받았던 적이 있는 곧 회개한 경험이 있는 사람들이었거나 할례를 통해 성결의식을 치렀던 사람들이다. 문제는 거기에서부터 출발한다. 그들은 그 회개로 끝냈던 것이다. 곧 더러움이라는 마음의 옛 주인을 좇아낸 건 사실이지만 새로운 주인을 모시지 않고 방심하고 그냥 비워둔 것이다. 좀더 엄밀히 말하면 방관한 것이다. 그러자 '방관자에게는 힘든 일이 없다' 는 독일 속담처럼 그러는 사이 불법 침입자가 다시 들어와 그들의 영혼을 점령하고 전보다 더 더럽혔고 그들은 그런 사실조차 모르고 있었던 것이다. 곧 새 주인 유무의 문제였다. 그들의 깨끗해진 영혼에 새 주인을 모셔야 했다.

그들에게 회개의 세례를 주었던 세례 요한이 죽은 후 예수께서는 산상수훈을 비롯한 하나님 나라를 말씀해 주셨다. 마음을 그 나라로 채우도록 말이다. 그러나 그들은 어떻게 했던가? 수많은 하늘의 이적과 표적을 보고도 받아들이지 않고 끊임없이 예수 당신의 말의 진위를 나타낼 증거로 하늘로부터의 표적을 보이라고 비아냥댔다. 솔로몬보다 크신 하나님의 아들 예수가 그들을 찾아와 말하고 보이고 있음에도 말이다.

솔로몬의 지혜의 말을 듣고 영혼의 만족을 얻으려 수만 리 남방에서 찾아왔던 스바 여왕만도 못하다는 말씀이 그런 뜻이고 요나의 말만 듣고도 재를 뒤집어쓰고 베옷을 입고 철저히 회개했던 니느웨 백성만도 못하다는 말씀 또한 그런 뜻이었다. 그들은 예수를 주인으로 영접할 생각이 없었던 것이다.

수영할 줄 아는 사람이 물에 빠져 죽는다는 말처럼 예수를 알면서도 예수 없는 마음으로 살다보면 비록 교인일지라도 그렇게 되기 쉽다. 다메섹 가는 길에서 예수를 만나 하나님 나라의 일꾼으로 부름받은 바울은 광야로 들어가 3년 동안 회개의 시간을 가졌다. 그러나 거기에 머물지 않았다. 예수의 영으로 가득차 그리스도의 남은 고난을 지려 세상 속으로 들어가며 말했다.

내가 그리스도와 함께 십자가에 못 박혔나니
그런즉 이제는 내가 산 것이 아니요
오직 내 안에 그리스도께서 사신 것이라
이제 내가 육체 가운데 사는 것은
나를 사랑하사 나를 위하여 자기 몸을 버리신
하나님의 아들을 믿는

믿음 안에서 사는 것이라(갈2:20)

거듭난 그의 영혼 안에 예수가 살고 있었던 까닭에 더 이상 자신의 삶이 아닌 예수의 삶 곧 예수처럼 십자가에 못 박히는 삶을 살았던 그였다.

언젠가 주일 저녁 헌신예배 때 여전도회원들이 특송으로 불렀던 노래가 있다. 눈가 촉촉히 노래하던 그들의 모습이 아련히 떠오르고 그들이 불렀던 노래가 귓가를 맴돌아 적어 본다.

이제 내가 살아도 주 위해 살고
이제 내가 죽어도 주 위해 죽네
하늘 영광 보여주며 날 오라하네
할렐루야 찬송하며 주께 갑니다
그러므로 나는 사나 죽으나
주님의 것이요
사나 죽으나 사나 죽으나
날 위해 피 흘리신
내 주님의 것이요

영혼의 창

바람을 보고 무서워 빠져 가는지라
소리질러 가로되 주여 나를 구원하소서 하니(마14:30)

리더스 다이제스트에 실렸던 이야기이다. 당시 교황이었던 요한 바오로 2세는 세계 곳곳을 비행기를 타고 순례했는데 공항에 도착하면 트랩을 내려 땅에 엎드려 키스하고는 했다. 미국을 방문했을 때도 마찬가지였다. 그런데 그때 그 장면을 TV로 보고 있던 교황의 80세 된 고모가 이런 말을 했다.

"저 분 심정 내가 잘 알지, 나도 비행기 타는 게 무섭거든."

심리학자들의 말을 빌리자면 모든 인간은 태어날 때부터 세 가지의 두려움을 가진다고 한다. (1)비평에 대한 두려움 (2)추락에 대한 두려움 (3)버림받음에 대한 두려움. 물 위를 걷다가 바람을 보고 무서워 물속으로 빠지기 시작한 베드로, 그의 두려움은 어떤 두려움에 속할까?

전날 베드로 일행은 기적을 보았다. 예수께서 물고기 두 마리와 보리떡 다섯 개로 장정만 오천 명이 넘는 큰 무리를 먹이신 것이다. 그리고 그 밤 제자들은 예수의 명에 따라 먼저 배를 타고 갈릴리 호수를 건너고 있었는데 풍랑이 몹시도 심해 애쓰던 중 예수께서 물 위로 걸어오심을 보았고 이에 베드로가 낮에 보았던 능력의 예수를 기억하고 자기도 물 위로 걸어 마중나가 볼 수 없겠느냐고 묻곤 허락받아 정말 물 위를 걸어갔다. 하지만 얼마 못가 바람을 보고는 무서워 그만 물속으로 빠져버렸다.

베드로의 두려움은 심리학자들의 말대로 추락에 대한 두려움이 원인이었을까? 그렇다면 그 두려움이란 어디로부터 온 것일까? 두려움의 출발점 아니면 통로 말이다. 그것은 다름 아닌 눈이었다. 눈은 영혼의 창문이다. 눈을 통과해 두려움이 마음에 들어와 자리를 잡는 법이다. 평안의 경우도 그렇고 말이다.

옛날 회사 일로 해외 출장을 갔을 때의 일이다. 공항에 나갔지만 태풍이 불고 있어서 낮인데도 하늘은 구름으로 캄캄했고 비도 뿌리고 있었다. 비행기가 안뜰 줄 알았는데 이륙했다. 그리고 기체가 흔들거려 긴장했지만 잠시 후 평온한 상태가 되었고 어둡던 창문 밖이 환해지기에 내다봤더니 파란 하늘에 태양이 밝게 빛나고 있었다.

비행기 아래로는 솜이불 같은 흰 구름들이 가득히 햇빛에 반사되어 빛나고 있었고 그 아래는 두터운 구름에 가려 동서남북 저 멀리까지 아무것도 보이질 않았다. 그 시각 구름 아래로는 태풍이 불고 세찬 비가 쏟아지고 있었지만 그 위를 날고 있는 비행기 안은 평화롭기 그지없어 한동안 내다보다 잠이 들었다.

하나님 계신 곳이 하나님 나라이다. 그곳이 풍랑 이는 바다 위라 할지라도 말이다. 예수께서 그 밤 계셨던 그곳 갈릴리 바다가 그런 곳이었다. 그래서 베드로가 그의 눈으로 풍랑 위에 계신 예수를 바라보는 동안 그는 예수와 함께 물 위를 걸을 수 있었지만 그의 마음의 창인 눈을 통해 무서운 풍랑이 다가오고 예수가 보이지 않는 순간 그는 예수가 통치하는 예수의 나라를 잃어버렸고 그렇게 마음속으로 바닷물이 쏟아져 들어와 침몰을 시작했던 것이다.

그것이 어디 베드로만의 이야기일까. 구약의 엘리야도 그랬다. 그는 갈멜 산 위에서 바알과 아세라 신 제사장 850명을 상대로 두려워하지 않고 홀로 싸워 그들을 이기고 다 죽였다. 그곳에 여호와 하나님께서 그와 함께 하셨던 것이고 그러는 동안 하나님만 바라보았던 것이다. 그런데 그에게 복수하려는 이세벨 왕후가 그를 죽이려고 군대를 보내자 그것을 보고 두려워 광야로 도망쳤다.

열왕기상 19장 3절에 나오는 장면이다.

저가 이 형편을 보고 일어나
그 생명을 위하여 도망하여
유다에 속한 브엘세바에 이르러

출애굽한 이스라엘도 그랬다. 가나안 땅에 도착했으나 그곳에 사는 거인
들을 보고는 낙담하여 여기서 죽느니 차라리 광야에서 죽었으면 좋을 뻔
했다고 통곡했다가 여호와의 귀에 들린 그들 말대로 광야로 다시 쫓겨
가 40년 동안 그 말을 입에 담았던 세대는 그곳 광야에서 모두 죽었다.

그러나 유대왕 여호사밧은 달랐다. 도저히 당할 수 없는 큰 군대인 암몬
과 모압의 침공을 받았을 때 기도했고 하나님께서 능력의 손으로 도우
셔서 대적을 물리치고 크게 승리했다.여호사밧 왕이 그 때 했던 기도가
이랬다.

우리 하나님이여
저희를 징벌하지 아니하시나이까
우리를 치러오는 이 큰 무리를
우리가 대적할 능력이 없고
어떻게 할 줄도 알지 못하옵고

오직 주만 바라보나이다(대하20:12)

오직 주만 바라보나이다. 물에 빠졌던 베드로 또한 그랬다. 다급한대로
눈을 들어 다시금 예수를 바라보았고 그때 그는 구원을 얻었다.

소크라테스적 아이러니

여자야 네 믿음이 크도다
네 소원대로 되리라(마15:28)

똑똑한 사람과 무지한 사람의 입장이 바뀌는 것을 '소크라테스적 아이러니'라고 한다.

복음서에 예수로부터 큰 믿음을 가졌다고 칭찬받은 사람이 단 두 명인데 그들 모두 유대인이 아닌 이방인이었다는 사실을 두고 할 수 있는 말이다. 한 사람은 로마의 백부장, 또 한 사람은 귀신들린 딸을 가진 가나안 여인이다. 이 여인이 오늘 이야기의 주인공이다.

이 여인의 딸의 고통은 오늘 날 아무리 뛰어난 정신건강의학과 의사라 할지라도 해결해 줄 수 없는 병이었다. 이 여인 또한 그 동안 딸을 치료하려고 얼마나 애를 썼을까. 용하다는 의사, 점쟁이, 무당을 찾아 온갖 방술도 다 해봤을 것이다. 그러다가 결국 예수 앞에 나오게 되었다. 그런데 이 여인 대뜸 이렇게 외쳤다.

"주 다윗의 자손이여, 나를 불쌍히 여기소서!"

그렇지만 예수께서는 아무 대꾸도 않으셨다. 사람을 만나 4초 간만 침묵해도 상대방은 자신에 대한 거부로 받아들인다고 한다. 부부 간에 실험을 해보면 당장 알 수 있는 일이다. 그렇다면 예수께서도 진정 거부의 표시로 그렇게 하셨던 것일까? 성경에서는 이렇게 말씀하셨는데 말이다.

너는 내게 부르짖으라 내가 네게 응답하겠고
네가 알지 못하는 크고 비밀한 일을 네게 보이리라(렘33:3)

그녀가 사용한 '다윗의 자손'이라는 말이 문제였던 것 같다. 이 말은 유대인의 용어이다. 이방인이 공공연히 사용하기엔 부적절한 말이다. 이 용어가 유대인의 구원자로 오실 메시아를 지칭했기 때문이다.

그런데 이 여인이 어떤 목적으로 그랬는지 모르지만 그 호칭을 주제넘게 사용하였다. 순수하지 않았거나 너무나 간절하여 그랬거나 둘 중 하나일 것이다. 곧 진정성이 의심되는 용어 구사였다. 그래서 침묵으로 응대하신 모양이다. 그러나 이 여인은 그렇게 무시를 당해도 포기하지 않았고 그 자리에서 마냥 같은 소리를 질러댔다.

"주 다윗의 자손이여, 나를 불쌍히 여기소서"

"주 다윗의 자손이여…"

그 외치는 소리가 얼마나 피곤했던지 급기야 제자들이 예수께 청했다.

"그 여자가 우리 뒤에서 소리를 지르오니(keep crying, 계속 부르짖다) 그를 보내소서!"

말인즉슨 차라리 저 여자 소원을 들어 주시든지 아니면 야단을 치시든지 빨리 끝내 주십사 하는 것이었다. 제자들은 그 여인의 진정성에 대한 예수의 검증을 깨닫지 못하고 있었다. 이들의 요청에 예수께서 밝히신 침묵에 대한 답변이 그것을 지적하고 있다.

나는 이스라엘 집의 잃어버린 양 외에는
다른 데로 보내심을 받지 아니하였노라(마4:24)

그런데 그 말이 본심이었을까? 아니었다. 왜냐하면 예수께선 그 전에도 일찍이 이방인들에게 복음을 전했었고 그에게 나아온 각색 병든 자들을 고쳐 주셨기 때문이다(마4:23-25). 또한 이방 땅인 사마리아 수가성에서는 물 길러 나온 여인에게 먼저 다가가서 자신이 메시아이심을 밝히신 바도 있었고 그때에도 제자들은 예수와 함께 있었다.(요4:1-26) 제자들이 보는 앞에서 이방인을 하나님 나라에서 배제하신 적이 없으셨다. 그걸 제자들은 기억했어야 했다.

그런데 이번엔 무슨 의도로 그런 맘에도 없는 말씀을 하셨던 것일까? 전개되는 이야기에 그 답이 나온다.

예수의 이 말, 곧 '너는 은혜받을 자격이 없는 이방인'이라는 말에 이 여인이 실망하여 발길을 돌렸던가? 아니다. 오히려 무릎을 꿇었다.

예수께 (무릎을 꿇고) 절하며 가로되
주여 저를 도우소서(마4:25)

눈치가 빨라야 절간에 가서도 새우젓을 얻어먹는다는 옛말이 있다. 영적으로 미련한 사람 같으면 그 말을 액면 그대로 듣고 포기 할 수도 있었을 것이다. 하지만 그 여인은 그 말씀을 응답의 시작으로 봤다. 입을 다물고 있던 사람이 그 내용이야 어찌 되었건 입을 열기 시작했다는 건 무시에서 관심으로 마음을 돌렸다는 것을 의미하기 때문이다. 그러자 아니나 다를까 예상대로 예수께서 한 마디 더 하시는 것이었다. 이번엔 좀더 쎄게.

대답하여 가라사대
자녀의 떡을 취하여 개들에게 던짐이
마땅치 아니하니라(마4:26)

인격모독처럼 보이는 이 말씀, 실은 응답하시겠다는 의미의 반어법적 표현이다. 그녀의 간절함이 진정한 것인지 확인이 되면 자녀의 떡을 나눠주시겠다는 의미이다. 성경에 이렇게 약속하지 않았던가.

너희가 전심으로 나를 찾고 찾으면
나를 만나리라(렘29:13)

소망은 믿음의 바탕이고 믿음은 용기의 원천이다. 그러자 이 여인은 이렇게 답했다.

주여 옳소이다마는
개들도 제 주인의 상에서 떨어지는
부스러기를 먹나이다(마4:27)

부스러기 은혜로도 족하다는 겸손한 고백이었다. 비로소 예수께서 그 여인의 믿음의 진정성을 인정하셨다.

여자야. 네 믿음이 크도다.
네 소원대로 되리라 하시니
그 시로부터 그 딸이 나으니라(마4:28)

이 일 직전, 유대 바리새인과 서기관들이 예수께 다가와 예수의 사역에 시비를 걸고 갔었다. 바로 직후에 이 이방 여인이 예수께 나왔고 이에 예수께서 이 여인을 통해 당신에 대한 겸손하고 진정성 있는 믿음의 결과가 무엇인지 보여주신 것이다. 메시아에 대한 지식은 많으나 예수가 그분이심을 발견치 못하는 유대인들보다 비록 예수가 다윗의 자손 메시아인 것을 풍문으로 들은 것 말고는 별로 아는 게 없는 이방인이지만 귀신이 쫓겨가는 예수 나라의 은혜를 먼저 받은 것이다. 어쭙잖은 신학보다는 단순한 신앙이 먼저라는 말씀이다. 이것이 그날 있었던 소크라테스적 아이러니였다.

마태복음 16:24

개선문

이에 예수께서 제자들에게 이르시되
아무든지 나를 따라 오려거든 자기를 부인하고
자기 십자가를 지고 나를 좇을 것이니라(마16:24)

오늘 날 교인들은 그리스도인이라 불리기를 자원하고 그리스도인이기 때문에 얻을 수 있는 혜택에 집중한다. 자기 존중, 자기 이미지, 자기 사랑 등. 그리고 세상을 향해 말한다.

"질 높은 삶을 살기 원하면 예수 믿으세요. 부자 되기 원하면 예수 믿으세요. 형통을 원하면 예수 믿으세요. 예수 안에서 모든 것을 얻을 수 있고 예수 안에서 모든 것을 성취할 수 있습니다. 우리 교회에는 그렇게 성공한 기업가도 있고 공무원도 있어요. 직장에서 높은 사람도 많고요. 명문대에 합격하고 고시 패스한 판검사도 많아요. 우리 교회 오세요. 애들도 보내시고요."

이것은 전도인가, 광고인가?

그런데 막상 예수께서는 이렇게 말씀하셨다.

"얻으려면 먼저 주라. 고난을 통해 성취가 온다. 높으려면 낮아져라. 이기려면 져라. 패배를 통해 승리가 온다. 면류관 이전에 굴욕이다. 보상 이전에 희생이다. 살려면 죽어라. 부활 이전에 죽음의 십자가다. 십자가를 져라. 그래야 산다. 그게 네가 져야 할 십자가이다.'

그런데 이 십자가를 지려면 먼저 해야 할 준비가 하나 있다고 했다. 자기부인이다. 예수께서 말씀하신 십자가는 자기 성취 우선인 우리 본성과는 반대되기 때문이다. 그런데 어떻게 준비해야할까?

쉽게 생각하자. 군인이 되려면 먼저 훈련소를 거쳐야 한다. 훈련소 입소할 때 우린 모든 사복을 벗어야 하고 머리도 짧게 깎아야 하고 외모도 버려야 하고 나이도 버려야 하고 출신도 버려야하고 학벌도 버려야 하고 배경도 버려야 하고 재물도 버려야 하고 가난도 버려야 하고 스마트폰도, 소지품도 버려야 하고 버릴 수 있는 건 다 버리고 계급장 없는 동일한 훈련복으로 갈아입어야 한다. 그리고 훈련할 때는 바닥을 박박 기어야 하고 화생방도 해야 하고 각개전투도 해야 한다. 그런 과정에서 차별적 대우란 없다. 복종만 있는 다른 세상이 있을 뿐이다. 이렇게 군인 되기 전에 먼저 군복 속에 감춰지는 자기부인부터 배워야 한다. 나라를 위해서.

그렇게 군인 될 준비가 끝나면 각자 특기에 따라 전국 각지에 있는 군부대로 보내지고 개인 화기인 총도 주어진다. 그리고 그 총은 제대할 때까지 그 병사가 책임져야 한다. 혹시 그 총을 잃어버리거나 소홀히 다루기라도 하는 날에는 영창에 가야 한다. 군인에게 자기 총은 자기 목숨과 같기 때문이다.

우리 성도들에게 자기 십자가가 그런 것이다. 전투이자 생명인 것이다. 죽음과 생명은 한 몸처럼 붙어 다닌다. 예수께서 그와 같이 자기 십자가를 지시고 세상 나라와의 싸움에 앞서 가셨고 거기서 죽으심으로 적인 사단이 승리하는 듯했으나 다시 사심으로 사단은 패배하고 말았다. 전장에서의 작은 이김을 승리(victory)라고 하지만 최종적으로 이기고 정복하면 개선(triumph)이라고 한다. 그런 점에서 십자가는 패배처럼 보인 승리였고 부활은 최후 승리, 곧 개선이었다. 처음엔 십자가가 죽음으로 내려가는 길인 것처럼 보이지만 나중 보면 생명의 개선문인 것이다.

가이드포스트에 난 기사 하나이다. 로날드 핑커톤이 행글라이딩을 할 때였다. 1,200미터 상공에 이르러서 갑자기 강한 기류를 만나 행글라이더를 조정할 수가 없었고 무서운 속도로 떨어지기 시작했다. 곧 땅으로 추락하고 말 기세였다. 기류를 탈출해 보려고 노력했지만 소용이 없었다.

그 순간 자기 바로 옆에 붉은 꼬리 솔개 한 마리가 함께 추락 중인 것을 발견했다. 솔개라면 얼마든지 기류를 뚫고 날아오를 것 같은데 그 새는 마치 그 기회에 자살이라도 하려는 듯 머리를 땅으로 처박고 아래로 아래로 비상식적인 비행을 하는 것이었다. 그래서 자신도 따라해 보기로 했다. 그렇게 솔개를 믿고 따라 하강했다.

그런데 지상 30미터 쯤 상공에 이르렀을 때 솔개가 갑자기 수평으로 자세를 잡는 것이었다. 그래서 자기도 따라했더니 솔개처럼 조용한 정지상태가 되었고 이윽고 따뜻한 공기가 글라이더를 다시 공중으로 올려 보내더라는 것이다. 믿을 수 없는 사실이었고 그렇게 하늘을 향해 높이 다시 오르게 되었다고 했다.

우린 높이 솟아오르려 하지만 하나님은 솔개를 보내 그 반대 방향으로 내려가라고 말씀하신다. 그래서 그 말씀 따라 자기를 부인하고 순종하면 상승기류를 만나 살게 된다. 그게 하늘나라를 사는 법이다. 땅에 있는 세상나라를 사는 법과 다른 것이다. 그렇기 때문에 둘 중 하나를 선택해야 한다. 땅이냐 하늘이냐, 이 세상이냐 저 세상이냐, 육신이냐 영혼이냐, 사단이냐 예수냐. 예수께서 말씀하셨다.

한 사람이 두 주인을 섬기지 못할 것이니
혹 이를 미워하며 저를 사랑하거나
혹 이를 중히 여기며 저를 경히 여김이라

너희가 하나님과 재물을 겸하여 섬기지 못하느니라(마6:24)

우린 우리 앞서 자신의 십자가를 지고 먼저 가신 예수를 따라가는 그의 병사이고 그 나라의 백성이다. 죽음과 생명이 늘 붙어 다니듯이 십자가는 우리의 죽음도 되고 생명도 된다.

우리에게 던지시는 예수의 질문이다.

예수께서 가라사대
나는 부활이요 생명이니
나를 믿는 자는 죽어도 살겠고
무릇 살아서 나를 믿는 자는
영원히 죽지 아니하리니
이것을 네가 믿느냐(요11:25,26)

우리의 답변은 이것이어야 한다.

우리가 살아도 주를 위하여 살고
죽어도 주를 위하여 죽나니
그러므로 사나 죽으나
우리가 주의 것이로라(롬14:8)

주제파악

몇 번이나 용서하여 주리이까(마18:21)

용서하기 정말 싫지만 용서해야 될 단 한 가지 이유는 내가 용서 받았기 때문이다. 하나님께선 나를 일흔 번씩 일곱 번이나 용서하셨다. 주제 파악 하자. 소크라테스도 그런 말을 했다.

"네 자신을 알라."

마태복음 20:14

빙고

네 것이나 가지고 가라
나중 온 이 사람에게 너와 같이 주는 것이
내 뜻이니라(마20:14)

은퇴 후 5년 가량 농장을 마련하여 사과를 키운 일이 있다. 사과 꽃이 지고 열매가 맺기 시작하면 80~90%정도는 솎아줘야 하는데 약으로 하는 데도 한계가 있어 결국은 사람 손으로 해야 한다. 그래서 일할 사람을 구하려 아침 일찍 인력시장에 나가면 몇 십 명이 대기해 있고 그들 중에서 필요한 몇 사람만 데리고온다.

어느 해였던가, 베트남 사람들을 데려가게 되었는데 다섯 명만 차에 태웠더니 인력회사 사장이 한 명 더 데려갈 수 없느냐고 했다. 거기 있던 베트남 여성들 여섯 명이 한 팀이었던 모양이다. 비용도 그렇고 더 이상은 필요 없어 한 명은 떨구고 갔는데 그때 그 여성분의 표정을 잊을 수가 없다. 그냥 데려올걸 그랬나 싶었고 지금까지도 너그럽지 못했던 그날 일이 미안한 마음에 자꾸 기억이 난다.

예수께서 하나님 나라를 일꾼을 부른 포도원으로 비유해서 말씀하셨다. 포도원 주인이 장터에 나가 일거리를 구하는 사람들을 품삯을 주기로 하고 눈에 띄는 대로 데려갔다. 포도원엔 일할 사람이 얼마든지 필요했기 때문이다. 그러다 보니 오전 8시에 부름 받은 사람도 있었고 오후 마감한 시간 전에 온 사람도 있었다. 그 주인이 부지런히 일꾼들을 불러 모았기 때문이다.

그런데 포도원 주인이 일을 마친 일꾼들에게 품삯을 주는데 나중에 온 사람들로부터 시작해서 먼저 온 사람들에게까지 똑같은 액수의 품삯을 준 것이다. 이에 먼저 온 일꾼들이 부당하다고 항변했고 주인은 네 것이나 가져가라며 나무랐다는 내용이다.

공정치 못한 분배가 이뤄지는 그곳이 하나님 나라란 말씀일까? 오해 말았으면 싶다. 일꾼들은 자신들이 일한 노동의 대가를 말하는 것이었지만 포도원 주인은 그들을 포도원으로 빠짐없이 부른 자비, 곧 은혜의 공평함을 말한 것이다. 먼저 온 자나 늦게 온 자나 실업자이긴 마찬가지였다. 운이 좋아 일거리를 먼저 얻은 자도 있었지만 그렇질 못해 두리번거리다가 나중에 자비로운 주인 덕을 본 사람도 있었던 것이다. 때문에 먼저와 나중은 얼마든지 뒤바뀔 수도 있는 일이었고 내일은 먼저 온 자가 맨 나중일 수도 있는 일이다.

하나님 나라로 부름받는 은혜가 그런 것이라는 말씀이다. 은혜에 무슨 연공서열이나 계급장이 있는 게 아닌 것이다. 신앙의 연수니 선후배니 장로 선후임 목회 선후배를 따지며 줄 세우기 하는 것은 하나님의 포도원에 맞지 않는 일이다. 하나님 나라로 부름받고 구원받는 은혜는 품삯으로 받는 것이 아니고 거저 받는 것이기 때문이다.

나의 나 된 은혜가 다 하나님의 은혜라는 말씀이다. 먼저 부름받은 자나 나중 은혜받은 자나 그걸 알고 인정하는 그 자리가 하나님 나라라는 뜻이다. 예수께서 '하나님 나라는 너희 안에(within you) 있느니라(눅17:21)'고 하신 말씀이 그런 뜻이다.

한 남자가 죽어 하늘나라로 갔다. 그 입구 진주 문에 베드로가 있었고, 그가 말하길 그 문을 통과하려면 구두 시험을 치러서 일정 포인트를 따야 한다고 했다. 몇 포인트를 따야 통과할 수 있냐고 묻자 100 포인트라고 해서 그 남자는 '그 정도쯤이야' 했다. 베드로가 당신이 살면서 했던 일 가운데 잘했다고 생각하는 걸 하나씩 말해주면 포인트를 매겨 주겠다고 했다. 그래서 시작했다.

"나는 한 여자와 50년을 살다 왔는데 단 한번도 그녀를 속인 일이 없습니다."

그러자 베드로가 말했다.

"좋아요. 3포인트 주겠소."

너무 짜다는 생각이 들었지만 계속했다.

"교회에 빠진 일도 없고 십일조도 잘했고 목사님을 도와서 교회일도 많이 했습니다."

"훌륭해요. 1포인트."

이번엔 조금 더 놀랐지만 계속했다.

"무료 급식소에서 봉사도 많이 했고 노숙자를 위한 일에도 최선을 다해서 참여했습니다."

"대단해요. 2포인트 더 주겠소."

그러자 이 남자가 더 참지 못하고 항변했다.

"2포인트라고요? 이런 식으로 포인트를 주신다면 어떻게 100포인트를 얻어 천국 문을 통과하겠습니까? 절대로 못들어갈 것 같네요. 하나님께서 은혜를 베푸신다면 모를까."

그러자 베드로가 말했다.

"빙고! 100포인트입니다. 어서 들어오세요."

우리가 포도원의 일원이 된 것은 바울 사도의 말대로 하나님의 은혜일 뿐이다. 그의 고백을 들어보자.

나의 나 된 것은 하나님의 은혜로 된 것이니
내게 주신 그의 은혜가 헛되지 아니하여
내가 모든 사도보다 더 많이 수고하였으나 내가 아니요
오직 나와 함께 하신 하나님의 은혜로라(고전15:10)

이 고백을 담은 '하나님의 은혜' 라는 노래가 있다.

나를 지으신 이가 하나님
나를 부르신 이가 하나님
나를 보내신 이도 하나님

나의 나 된 것은 다 하나님 은혜라
나의 달려갈길 다가도록
나의 마지막 호흡 다하도록
나로 그 십자가 품게 하시니
나의 나 된 것은 다 하나님 은혜라
한량없는 은혜
갚을 길 없는 은혜
내 삶을 에워싸는 하나님의 은혜
나 주저함 없이 그 땅을 밟음도
나를 붙드시는 하나님의 은혜
나의 나 된 것은 다 하나님 은혜라

빙고!

두고 볼 일

너희 중에 누구든지 으뜸이 되고자 하는 자는
너희 종이 되어야 하리라(마20:27)

제자들끼리 싸움이 붙었다. 그것도 예수 앞에서 말이다. 그러자 예수께서 개입해 뜯어 말리시고는 그들을 나무라셨다. 으뜸이 되려하지 말고 서로 섬기라고 말이다.

같이 지내다 보면 더러 다툴 수도 있는 일이고 더구나 그들이 다투는 내용을 보면 별거 아니었고 그래서 피차 입장에 따라 그럴 수 있는 일이니 서로 이해하고 사이좋게 지내라 하면 그만일 것 같은데 예수께선 굳이 어려운 말씀을 하셨다. 왜 그렇게 엄격한 말씀을 하신 것일까?

예수와 제자들의 공동체, 그것은 교회의 원형이고 예수의 나라 곧 하나님 나라였기 때문이다. 그래서 세상 사람들이 어울려 사는 방식과는 달라야 하고 그렇게 해야 사람들에게 예수의 나라가 어떤 것인지 보여주고 증거할 수 있기 때문이다. 그래서 제자들을 모아 훈련시키는 중이었고 우리들 또한 같은 이유로 교회로 부름받은 것이다. 하나님 나라 백성인 교인들은 세상 사람들과는 달라야 한다.

그런데 제자들은 뭣 때문에 싸웠던 것일까? 바로 앞 장인 마태복음 19장에 예수께서 예루살렘을 향해 올라가시며 제자들에게 하신 말씀 때문이었다.

예수께서 가라사대
내가 진실로 너희에게 이르노니
세상이 새롭게 되어
인자가 자기 영광의 보좌에 앉을 때에
나를 좇는 너희도 열두 보좌에 앉아
이스라엘 열 두 지파를 심판하리라(마19:28)

요약하면 세상이 뒤집어지면 내가 왕의 보좌에 앉게 될 것이고 그러면 너희도 각각 열두 개의 보좌에 앉아 나를 도와 이스라엘을 다스리게 될 것이란 말씀이었다.

그런데 이 말씀에 마음이 급해졌던 모양이다. 야고보 형제의 어머니 살로메가 예수 앞에 나아 왔고 자기 두 아들을 각각 예수 좌편과 우편에 앉혀 달라고 했다. 치맛바람이었다. 이들 두 사람은 베드로와 더불어 예수의 최측근이기는 했다. 변화산에 갈 때도 예수와 같이 갔고 야이로의 딸을 살리러 갈 때도, 베드로의 장모의 병을 고칠 때도 그랬다. 그걸 믿고 이들 두 형제가 엄마에게 그렇게 하라고 넌지시 시켰던 모양이다.

로마 제국은 많은 점령지를 쉽게, 그리고 효과적으로 통치하기 위하여 점령지의 상황에 맞게 그곳에 지방 자치 정부를 허용하였다. 이러한 로마의 정책에 따라 세운 유대인들의 자치 기관이 바로 "산헤드린 공회"이다. 그러나 로마는 그것을 로마에서 파견한 총독 아래 예속시키기 위하여 직접 임명하였고 그 산헤드린 공회 의장은 대게는 대제사장이었다. 실제적인 유대인의 왕 같은 존재였다.

그 공회장이 중앙에 앉으면 공회원들은 좌우 두 줄로 앉았는데 그 양쪽 줄 맨 앞자리에 앉는 사람들은 특별한 명칭이 있었다. 우편에 앉은 사람은 '대부'(father of the Sanhedrin) 왼편은 '현인'(sage)이라고 했다. 그들은 공회장이 자리를 비울 경우 그 역할을 대신하기도 했다. 그래서 그들의 권한과 권위가 막강했다.

야고보와 요한 형제는 예수의 신임이 특별하고 그래서 가깝다는 명분으로 그런 중책을 맡을 자격이 있다고 믿었던 모양이다. 나머지 제자들은 베드로를 빼놓고는 보조 정도로 여겼던 것 같고 말이다. 그런 사람들 어딜 가나 있다. 세상에도 있고 교회에도 있다. 문제는 그런 서열 의식이 가져오는 폐단이다. 세상에서는 그 같이 높아지려는 경쟁심이 동기부여의 한 요소가 될 수도 있겠지만 교회에서는 아니다.

최초의 하나님 나라가 상실된 이유가 무엇이었던가? 하나님처럼 높아지려는 것이었다. 그래서 망했던 것이고 그 나라를 복원시키기 위해 예수께서 세상에 오신 것인데 이제 겨우 시작하려는 시점에 또 다시 그 같은 유혹이 들어온 것이다.

그것은 지금도 마찬가지이고 언제고 있을 수 있다. 요한3서 9절에 나오는 '교회에서 으뜸 되기를 좋아하는 디오드레베' 같은 이들이 있기 때문이다.

제자들은 잘못 구하고 있었다. 그들은 높아지기를 구할 게 아니라 낮아지기를 구해야 했다. 하나님의 아들이신 예수께서 세상에 오실 때도 그랬었고 이제 가장 낮은 죄인으로 죽으심으로 왕이신 당신이 그 나라에 거할 백성들을 위해 십자가의 쓴 잔을 마셔야 하실 것이기 때문이다.

섬기라는 말씀은 단순히 마음가짐을 말하는 게 아니다. 그런 신분이 되라는 뜻이다. 그것은 그 두 제자에게만 하신 말씀이 아니라 그들을 보고 분히 여긴 나머지 제자들에게도 하신 말씀이었다. 세상에서의 큰 자 말고 하나님 나라의 큰 자가 되라는 말씀이다.

어찌 알 수 있을까? 교회 사찰이던 분이 장로였던 분보다 예수 곁에 더 가까이 앉아 있을지 말이다. 정말 두고 볼 일이다.

그들만의 파라다이스

예수께서 성전에 들어가사
성전 안에서 매매하는 모든 자를
내어 쫓으시며(마21:12)

오늘날로 치면 산업단지가 있는 곳도 아니고 그렇다고 비옥한 땅이 있어 농산물이 풍부한 곳도 아니었다. 그럼에도 사람도 많고 부자도 많고 경제가 잘 돌아가는 매우 부요한 곳이 예수 당시 예루살렘이었다. 그곳의 경제를 떠받치는 것이 무엇이었기에 그랬던 것일까?

예루살렘 성전이었다. 그곳에서 제사를 드리기 위해 순례자들이 모여 들었기 때문이다. 순례자들은 매년 세 차례 성전에 와야 했고 특히 유월절에는 세계 각지에서 몰려왔다. 그래서 목재, 곡물, 제사용 희생 제물 등이 대량으로 필요했던 것이다.

그러다 보니 자연히 그런 물품을 다루는 상인들이 있었는데 그들이 주로 다루는 것들은 소나 양 그리고 비둘기였다. 거기 더하여 20세 이상 된 이스라엘 사람은 의무적으로 성전 유지를 위한 성전세를 내야 했고 그것 또한 대단히 큰 유동 자산이었다.

그런데 문제는 순례자들의 불편함이었다. 먼 곳으로부터 오는데 소나 양을 끌고 오기도 어려웠거니와 끌고 왔다하더라도 제물로는 적합지 못한 흠결이 생겨있는 경우가 많아 낭패였고 더욱이 성전세는 성전에서만 통용되는 금화로 바꿔 내야만 했다. 그래서 제사장들의 선한 뜻으로 생겨난 것이 '성전 장터'였다.

처음에는 은혜롭고 좋았다. 그러나 시간이 지나다 보니 그곳이 진짜 장터가 되어버렸다. 장사꾼들과 제사장들이 결탁하기 시작했던 것이다. 소위 '일감 몰아주기'였다.

제물은 지정된 장사꾼에게서만 사야 했고 품질 검사는 반드시 제사장에게 받아야 했다. 그들은 대개가 친인척 관계였다. 누군가가 더러 지정된 장사꾼에게 산 제물이 아니라 자기가 직접 가져 온 제물을 바칠라치면 흠을 잡아 불합격을 놓았다. 독과점이었다. 그러다 보니 간이 부어 마구 가격을 올리기 시작했다. 요즘 치킨이나 피자 프렌차이즈 업체들처럼 말이다.

가격이 올라가면 수요가 줄어든다. 하지만 제사 제물의 값이 올라간다고 누가 감히 하나님의 불벼락을, 아니 그보다는 먼저 대제사장의 벼락을 각오하면서까지 버틸 수 있었을까?

탈무드의 원전인 '미슈나'에 보면 주후 1세기 경에 비둘기 값이 폭등하여 가난한 산모들이 고통을 겪었다는 기록이 있다. 당시 산모들은 아이들을 여러 명 낳았고 그때마다 비둘기를 한 쌍씩 바쳐야 했다.

그뿐 아니었다. 성전세로 바칠 금화를 환전해 주면서도 같은 짓을 했다. 엄청난 환전 수익을 챙겼던 것이다. 특히 유월절이 다가 오면 그 전달 25일부터 떴다 방식 환전상이 생기곤 했다.

유대 역사가인 요세푸스는 예수 당시의 성전이 대제사장 '안나스의 장터'였다고 했다. 안나스 가문은 대를 이어 로마황제에게 뇌물을 바치며 장기간 대제사장 자리를 차지했다. 그렇게 뇌물로 나간 돈을 성전 장사로 메우고 그 이상을 뽑아냈던 것이다. 갑질도 그런 갑질이 없었다. 종교 갑질.

바캉스철 바가지요금의 음료수나 숙박업소는 안 사먹고 안 들어가면 그만이지만 성전에서 드려지는 제물과 성전세는 그럴 수 없는 일이었고 그걸 악용한 그들은 칼 든 강도들보다 더 악랄했던 것이다. 그리고 그 강도

행각의 주범(主犯)은 스스로를 주의 종이라고 영적 권세를 누리던 제사장들이었고 종범(從犯)은 장사꾼들이었다. 그 도적떼들은 매우 잘 살았다. 당시 예루살렘은 오늘 날의 청담동처럼 그들만의 파라다이스, 곧 낙원이었다. 하나님 나라가 아니었다.

예수께서 그 장사꾼들을 성전에서 청소하듯 몰아내신 이유가 그것이었다. 그리고 그 청소는 주후 70년 경 예루살렘이 로마에 점령당하고 예루살렘성전이 불태워지며 불에 녹은 금이 성전 바닥 돌 틈새로 흘러들어 굳어버리자 로마병정들이 그것을 캐내려고 성전 뜰의 돌들을 죄다 뒤집어 놓음으로 끝이 난다(마24:2).

예루살렘과 성전은 하나님이 통치하시는 하나님 나라를 상징했다. 그런데 그곳의 청지기였던 제사장들이 또다시 먹음직하고 보기에 탐스러운 선악과를 따먹고 있었다. 그래서 하나님이 두고 보시다가 여호와의 이름을 두었던 그곳, 세상에서 가장 아름답고 웅장하고 거룩했던 그 성전조차도 번제물로 불태워 버리셨던 것이다. 망하려면 자기들이나 망할 일이지 순진해서 아무것도 몰라 시키는 대로만 했던 가여운 양떼들만 불쌍하게 되었다.

예수께서 그 허물어진 성전 대신 당신이 피 흘리신 십자가 위에 다시 세우신 것이 교회이지만 지금도 그런 일은 반복될 수 있다.

그 자리가 너무 좋아 대를 이어 예수의 이름으로 목사 자리를 세습하고 이권을 챙기는 그들만의 파라다이스가 최근에 부쩍 자주 눈에 띄기에 하는 말이다.

마태복음 21:31

소시오패스(Sociopath)

예수께서 저희에게 이르시되
내가 진실로 너희에게 이르노니
세리들과 창기들이 너희보다 먼저
하나님의 나라에 들어가리라(마21:31)

'입에 꿀 발랐다' 또는 '입술에 기름칠했다'고 말을 듣는 사람들이 더러 있다. 말이 무척 매끄럽고 상대방을 기분 좋게 하는 재주가 있는 사람을 두고 하는 말이다. 기왕지사 이야기하는데 굳이 상대방 기분 상하게 할 필요는 없는 일이긴 하다. 그래서 대개는 그런 사람을 더 편하게 여긴다.

포도원 농장을 가진 아버지에게 두 아들이 있었다. 어느 날 아버지가 아들을 각각 불렀다. 그리고 먼저 온 아들에게 말했다.

"얘, 너 오늘 포도원에 가서 일 좀 해주지 않으련?"

그러자 이 아들이 망설이지도 않고 대답했다.

"그럼요. 아버지. 가겠습니다."

부모 맘을 알아주는 효자였다. 그 아버지는 얼마나 흐뭇했을까? 이어서 그 아들이 포도원으로 갔고 조금 있다가 다음 아들을 불렀다. 그리고 먼저 왔던 아들에게 한 것과 같이 말했다. 당연히 그러겠다고 할 줄 알고 말이다. 그런데 의외로 매몰찬 대답이 돌아 왔다.

"싫어요. 안갈래요."

그리고는 뒤도 안돌아 보고 나가버렸다. 그 모습을 본 아버지는 얼마나 속상했을까.

'저런 불효자식 같으니라구. 가기 싫더라도 아비 마음을 상하게 하지는 말아야지. 버르장머리 없는 녀석.'

얼마 있다가 아버지가 포도원엘 나가 보았다. 일하고 있을 아들이 보고 싶기도 하고 함께 도란도란 이야기도 하면서 같이 일해 보려고 말이다. 그런데 가겠던 녀석은 없고 싫다던 녀석이 와서 일하고 있는 게 아닌가! 어쨌거나 맘을 고쳐먹고 온 그 두 번째 아들이 아버지는 너무 기뻤다.

그러면서 아직 오지 않은 아들을 기다렸다.

'뭔 사정이 있는 게지. 곧 오겠지.'

그런데 해가 저물도록 나타나지 않았고 이윽고 어두워져 밭에서 돌아왔는데 그 녀석은 이미 집에 와있었고 저녁밥도 먹은 후였다. 그런데 그 녀석은 변명 한마디 없었다. 그렇게 그는 아버지께 실망과 배신감과 분노를 안겨드리고 끝났다.

그렇다면 둘 중 효자는 누구인가? 이 이야기는 예수께서 예루살렘 성전에서 병자도 고치고 장사꾼들도 몰아내고 말씀도 가르치시자 유대의 대제사장들과 장로들이 와서 시비를 걸므로 이에 예수께서 그들을 향해 비유로 던지신 책망이자 질문이었다. 이들은 왜 예수로부터 그런 책망과 질책을 받아야 했을까?

소시오패스(Sociopath)라는 말이 있다. 사이코패스(Psychopath)와는 다른 말이다. 사이코패스의 가장 큰 특징은 도덕과 양심에 대해 알지도, 공감하지도 못한다는 데 있다. 그래서 죄책감이 없음으로 범죄를 저질러도 자신이 하는 것이 범죄인지를 알지 못하거나 이해하지 못한다. 간혹 알고 있다고 해도 법률에 규정된 형량이 있으니 범죄가 아닐까 하는 정도에 그친다.

반면에 소시오패스의 가장 큰 특징은 머리로는 알아도 마음으로는 공감하지는 못한다는 것에 있다. 그러다 보니 자신의 감정조절에 뛰어나고 타인의 감정을 잘 이용한다. 이들은 자신의 이득을 위해서 필요하다면 순한 양처럼 행동하며 선한 미소를 짓고 타인에게 친절을 베풀기도 하고 카리스마 있는 상담자처럼 행세한다.

하지만 반대로 인정사정 볼 것 없이 잔인하게 사기치고 빼돌리고 착취함으로 이득을 취한다. 이처럼 타인의 고통을 공감하지 못하므로 돈 떼먹고도 당당하고 직원 급료 안주고도 자기는 호화생활을 한다. 그렇게 뻔뻔함이 몸에 배어있어 맘에도 없는 말을 꿀 바른 것처럼 잘하고 거짓말하는 걸 부끄러워하지도 않는다. 자기감정도 속일 줄 아는 것이다.

실제로 유명인사나 상류층 또는 크게 성공한 사람들 중에 소시오패스가 더러 있다고 한다. 아마도 쉽게 갑질하는 사람들이 이런 부류 아닐까 싶다. 그래서는 안된다는 것을 머리로는 알고 있지만 필요나 목적을 위해 일말의 죄책감도 없이 그냥 저지르는 것이다. 그래서 이 소시오패스는 평범한 사람의 모습으로 우리들 곁에 존재하면서 계산적이고 치밀한 반사회적 행동을 저지르는 특성을 가지고 있다.

사이코패스나 소시오패스나 반사회적 인격장애라는 점에선 동일한 측면이 있지만 좀더 간단하게 말하자면 사이코패스는 선악에 대한 개념이 없고, 소시오패스는 선악에 대한 양심이 없다는 점이 다르다. 디모데전서 4장 1, 2절의 말씀처럼 말이다.

그러나 성령이 밝히 말씀하시기를
후일에 어떤 사람들이 믿음에서 떠나
미혹케 하는 영과
귀신의 가르침을 좇으리라 하셨으니
자기 양심이 화인 맞아서
외식함으로 거짓말하는 자들이라(딤전4:1,2)

대제사장들과 장로들, 예수께서 보시기에 그랬던 모양이다. 오랜 세월 큰 약대는 삼키고 하루살이는 걸러내는 반사회적인 삶에 익숙해 있어서 양심에 화인을 맞아 세례요한이 회개하라 외쳐도 자신들은 회개할 것이 없는 성직자요 평신도 대표이고 그래서 자신들에게는 해당사항이 아니라고 편할 대로 생각했던 모양이다. 그래서 예수께서 그들에게 말씀하셨다.

예수께서 저희에게 이르시되 내가 진실로 너희에게 이르노니
세리들과 창기들이 너희보다 먼저 하나님의 나라에 들어가리라(마21:31)

행여 오랜 교회생활에 익숙해지다 보면 그렇게 될지도 모른다. 빌립보교회를 향한 바울 사도의 말씀이다.

그러므로 나의 사랑하는 자들아

너희가 나 있을 때 뿐 아니라
더욱 지금 나 없을 때에도
항상 복종하여 두렵고 떨림으로
너희 구원을 이루라(빌2:12)

은혜로운 입술 같아서 잔뜩 기대했는데 나중에 보면 그 말과는 동떨어진 행동을 아무렇지 않게 해도 사람들은 그런 사람 말에 또 속기도 하고 심한 경우 빌려준 돈을 떼이기도 하지만 그는 또 매번 그렇게 배신하며 이득을 취하기도 한다. 그렇게 되지 않도록 곧 교회 소시오패스가 되지 않도록 스스로 조심할 것은 물론이고 혹시 그런 사람이 교회 중책을 맡는 일이 없도록 조심할 일이다. 자칫 하나님 나라가 피해를 볼 수 있기 때문이다.

브랜드가치

농부들이 그 아들을 보고 서로 말하되
이는 상속자니 자 죽이고 그의 유업을 차지하자 하고(마21:38)

얼마 전 TV에서 여러 계층의 직업을 가진 남녀 10여 명이 앉아 주로 사람
관계에 대해 이런 저런 경험 섞인 이야기들을 재미삼아 나누는 오락 프로
그램을 본 적이 있다. 그런데 거기 출연했던 어느 목사가 이런 말을 했다.

"교회 행사는 주로 휴일에 하기 마련이고요, 특히 일요일은 교회 대목
아닙니꺼. 허허허."

그러자 그곳의 패널들 모두가 깔깔거리고 웃었고 자막엔 '너무 솔직하신
목사님' 이라고 나왔다.

포도원 하나가 완성되었다. 그리고 그 포도원이 일단의 농부들에게 맡겨
졌다. 그런데 그 포도원은 농부들이 일군 것이 아니다. 주인이 비용을 들

여 직접 일군 것이다. 일단 땅을 마련했고 그 다음 포크레인을 동원해 돌도 캐내고 높은 곳은 낮추고 깊은 곳은 매우는 평탄 작업을 마친 뒤 트랙터를 이용해 로타리를 쳐 땅을 고르고 비싼 값 주고 미리 사놓은 좋은 묘목을 간격을 맞춰 심고 지주대를 박아 포도나무가 자라게 했으며 비바람에 쓰러지지 않도록 했다.

그리고 난 다음 포도원을 빙 둘러 울타리를 쳤다. 아직은 어린 유목들이어서 행여나 노루 같은 짐승들이 와서 나무잎을 따먹어버리거나 해서는 안되기 때문이었다.

그 다음으로는 다 익은 포도송이를 몰래 따가는 도적들을 감시하고 방지하려고 망대 곧 블랙박스를 설치했다.

그런 연후에, 마지막으로 완제품 생산을 위한 설비인 즙짜는 구유를 만들었다. 그런데 그 구유는 당시 나무를 파서 만들기도 했고 형편에 따라 바위를 파서 만들기도 했다. 구유의 크기가 매우 커서 사람이 그 안에 들어가면 머리가 잘 안보일 정도였다.

이스라엘의 사사시대에 기드온이 미디안 침략군들의 눈을 피해 몰래 숨어 포도 대신 밀 타작을 한 기록이 있을 정도로 큰 시설이었다.(삿6:11) 요즘 말로 한 대에 350억이 넘는다는 APC, 곧 '농산물생산지가공센터

(Agriculture Products Processing Center)'인 것이다. 수확해서 그 자리에서 선별과 포장 작업까지 마치는 시설이다.

그렇게 해야 하는 이유는 포도만을 밭떼기로 중간 상인들에게 팔면 완제품이 아닌 반제품으로 헐값이 된다. 자동차도 그렇다. 승용차 한 대 무게가 대략 1톤 가량이고 가격은 3천만 원 정도이지만 주원자재인 냉연강판 1톤 값은 100만 원 정도인 것과 같다. 완제품의 부가가치가 커지는 것이다.

그뿐 아니다. 그렇게 완벽히 준비된 농장의 이름을 지어야 한다. 아마도 그 농장 이름은 주인 이름을 따라 '여호와 포도원'이라고 지었을 게다. 그래서 그 포도원 상품엔 '여호와 포도원'이라는 브랜드가 붙여졌을 것이고 그러다 보니 하나님 정원의 포도주 곧 신의 포도주가 되어 사람들이 만든 포도주와는 비교도 안되는 최고가의 극상 프레미엄이었을 것이다.

그렇게 만들어진 포도원이 일단의 특정한 농부들에게 위탁되었다. 조건은 매출 이익의 극히 일부를 주인에게 보내는 것이었다. 게다가 주인은 먼 나라로 이사를 갔다. 농부들에게 알아서 하라고, 자유롭게 역량껏 하라는 의미로 말이다. 그들을 신뢰할 만하다고 보았기 때문이었다.

그곳은 마치 정원의 소유권은 하나님께 있지만 관리권은 아담에게 맡겨

진 에덴동산 같은 곳이었다. 곧 하나님 나라였다. 그 나라가 만들어지는 동안 농부들의 역할은 아무것도 없었고 다만 완성된 후 누릴 수 있는 특권만이 주어진 것이다. 땅 잡은 것이었다.

처음엔 농부들이 그대로 잘 유지했다. 그러다가 점차 드문드문 세를 빼먹었고 점차 그 횟수가 증가하더니 종내는 중단해 버렸다. 자기들 것으로 여기기 시작했던 것이다. 오랜 세월 그렇게 했음에도 주인은 다만 사람을 보내 재촉할 뿐이었다. 주인이 우습게 보였고 나약해 보였으며 무시하고 잊고 지내도 좋을 만한 존재로 여겨졌다.

그래서 그 농부들은 주인이 보낸 사람이 오면 푸대접에 핍박도 하고 더러는 죽이기도 했다. 그러다 드디어 주인의 아들이 오자 아예 살해해 버리고는 자신들이 그 상속자인양 가로챘고 그 포도원을 그들의 사업으로 여기기 시작했던 것이다.

거기까지였다. 주인이 오래 참은 건 말이다. 마침내 군대를 보내 그들을 진멸하고 그 포도원을 다른 사람들에게 맡겼다. 그들이 잊고 있었던 것은 주인이 먼 곳에 있었으나 그 주인의 마음은 자기의 밭에 있었다는 사실이다. 특권은 하늘 문에 이르도록 하지만 지옥까지도 쉽게 내려가게 한다는 것도 잊었었다. 예수의 이 비유는 가나안 땅을 하나님 나라의 관리자로 믿고 기대하고 맡겼던 유대인들을 향한 것이었다.

농담 삼아 한 말이겠지만 주일을 장날로, 교회를 장날이 서는 장터로 묘사하면 그걸 보고 듣는 수많은 시청자들 중 안믿는 사람들에겐 공감을 줄 수도 있고 본인의 인기도 조금은 얻을 수 있을지 모르겠다. 그래서 교회를 초현대식 마트처럼 짓고 주차장, 식당, 심지어는 스포츠와 레저와 공연 공간까지 마련하고는 '예수의 나라' 라는 브랜드만 붙이면 된다는 식으로 착각도 하고 명분을 삼는지도 모르겠다. 그래서 그런 교회를 보는 불신자들의 눈엔 당장에 대목이나 보려는 장소로 비춰지기 십상이다. 교인들은 고객이고 말이다.

그게 그들만의 시각일까? 하나님 눈에 브랜드만 예수로 붙이고 실제로는 자신들의 기업인 양 행세하는 악한 종으로 비치지나 않을까 진지하게 돌아보면 좋겠다. 예수께서 경고하셨다.

그러므로 어디서 떨어진 것을 생각하고
회개하여 처음 행위를 가지라
만일 그리하지 아니하고 회개치 아니하면
내가 네게 임하여
네 촛대를 그 자리에서 옮기리라(계2:5)

외식(外飾)

우맹이요 소경들이여
어느 것이 크뇨
그 금이냐
금을 거룩하게 하는 성전이냐(마23:17)

위선(僞善)은 성경에 나오는 외식(外飾)이라는 말과 같고 어원적으로 본다면 가면(假免)을 썼다는 뜻이다. 그런데 사람이 위선을 행하는 데에는 이유가 있다. 그것을 통해 이익을 얻을 수 있기 때문이다. 그래서 위선을 계속하게 되고 그러다 보면 그 가면을 진짜 자기 얼굴로 착각하게 된다. 그렇게 이득을 취하는 동안 속이는 일이 계속되는 것이다. 어떤 속임들이 있을까?

하나는 사람들의 눈을 속인다는 것이다. 그래서 그를 보는 사람들로 하여금 그 가짜 선을 사실로 알고 좋게 보이게 하여 그의 말뿐 아니라 그의 행동까지도 따라하게 한다는 것이다. 소위 미혹하는 것이다. 예수께서 하신 말씀이 그런 뜻이다.

그러므로 무엇이든지 저희의 말하는 바는 행하고 지키되
저희의 하는 행위는 본받지 말라(마23:3)

또 하나는 자기 눈을 속인다는 것이다. 유대인들의 옛 이야기 한 토막이다. 첼름이라는 도시에 사는 사람들이 생각하기에 자신들의 도시는 매우 중요한 곳이었다. 그래서 그들은 자신들의 중요성을 만방에 알리기로 결의했고 그 방법으로 그 도시에서 가장 지혜로운 사람을 택하여 "성인" 칭호를 주자는 것이었다. 그런데 그 도시에는 그럴 만한 성인이 없었다.

그래서 그들은 양복쟁이 모이쉐를 성인으로 만들기로 했다. 그리고 그를 거리의 모든 다른 사람들과 구별하기 위해 황금신발을 신겼다. 누구든지 황금신발을 신은 사람을 보면 그가 곧 그 도시가 자랑하는 성인임을 알도록 말이다. 그런데 모이쉐가 그 신발을 신고 거리를 돌아다니다 진창에 빠지고 말았다. 그래서 사람들은 가죽으로 그 황금신발을 감싸도록 덧신을 만들어 신겼다. 그런데 그렇게 되고 보니 그가 성인이라는 표시가 나질 않았다. 그래서 결국 그들은 모이쉐로 하여금 황금신발을 양손에 신도록 했다.

그 후로 사람들은 다른 마을 사람들이 그 마을의 성인을 찾으면 황금신발을 손에 신은 사람을 손가락으로 가리켜주었다고 한다.
서기관들과 바리세인들에게 부여된 랍비라는 호칭은 손에 신은 황금신발이었다. 예수께서 나무라셨다.

우맹이요 소경들이여 어느 것이 크뇨
그 금이냐 금을 거룩하게 하는 성전이냐(마23:17)

또 한 가지는 미래를 속인다는 것이다. 외식하는 자들은 천국 곧 하나님 나라에 들어가지 못한다. 하나님 나라는 자기 얼굴로 들어가야 하기 때문이다. 그런데 너무 오래 가면을 쓴 결과 본 얼굴에 한 몸처럼 접착되어 떼낼 수가 없게 된 것이다. 그럼에도 불구하고 그들은 아브라함의 후손이므로 그가 있는 곳에 자신들도 있게 될 것이라고 믿었던 모양이다. 그런 그들에게 예수께서 말씀하셨다.

화 있을진저 외식하는 서기관들과 바리새인들이여
너희는 천국 문을 사람들 앞에서 닫고 너희도 들어가지 않고
들어가려 하는 자도 들어가지 못하게 하는도다(마23:13)

그런데 가면을 쓰지 않으면 어떤 이득이 있을까? 노력에 비해 보상이나 이익을 얻는 데 오랜 시간이 걸리고 그래서 윤리적인 선택을 하기가 쉽지 않은 건 사실이다. 그러나 고진감래(苦盡甘來)라는 말처럼 중요한 것은 그 마지막이다. 단맛이 우선 좋아 가면을 쓰고 살다가 마지막엔 쓴 맛을 보게 되는 것보다는 지금 어렵더라도 얼굴을 가리고 바꾸려는 유혹을 참고 견디며 이겨 하나님나라의 낙원을 보상으로 받는 게 맞다. 미래의 운

명이 말도 안되게 달라지는 이득이 있기 때문이다.

외식하지 말라는 예수의 말씀은 질책이기보다는 격려와 위로의 말씀이다. 영원한 위로의 말씀. 그 위로의 약속 몇 가지만 보자.

이기기를 다투는 자마다 모든 일에 절제하나니
저희는 썩을 면류관을 얻고자 하되
우리는 썩지 아니할 것을 얻고자 하노라(고전9:25)

이기는 그에게는 내가 하나님의 낙원에 있는
생명나무의 과실을 주어 먹게 하리라(계2:7)

이기는 자는 이것들을 유업으로 얻으리라
나는 저의 하나님이 되고 그는 내 아들이 되리라(계21:7)

끝이 좋아야 한다.

우리의 기다림보다

그러므로 깨어 있으라
어느 날에 너희 주가 임할는지
너희가 알지 못함이니라 (마24:36~51)

'정읍사' 라는 고대 가요는 한글로 표기된 가장 오래된 노래이자 유일한 백제 가요이다.

달하 노피곰 도드샤 머리곰 비취오시라
져재 녀러신고요 즌데를 드디욜셰라
어느이다 노코시라 내 가논데 졈그랄셰라

달님이시여 높이 높이 돋으시어 멀리멀리 비춰어 주십시오.
시장에 가 계신가요? 진 데(위험한 곳)를 디딜까 두렵습니다.
어느 곳에나(어느 것이나) 짐을 풀어 놓고 계십시오.
내(나의 남편)가 가는 곳에 날이 저물까 두렵습니다.

정읍에 살고 있는 아내가 남편이 행상을 떠나 오래도록 돌아오지 않으므로 산에 올라가 멀리 남편이 있을 곳을 바라보며 남편이 밤에 다니다가 진흙에 빠지거나 잘못되지 않을까 염려되는 마음에 부른 기다림의 노래이다.

예로부터 사람들은 기다림의 삶을 살아왔다. 유태연이라는 분이 기다림에 관하여 쓴 글을 우연히 읽었다. 그분은 말하기를 기다림이란 기쁨 같기도 하고 슬픔 같기도 하고 그 옛날 어머니 모습 같기도 하다고 했다. 그 글의 일부를 보자.

어린 시절 5월이 되면 고향의 온 들판은 누우런 보리와 자주 빛 감자 꽃 못자리 자운영 꽃과 키 큰 삼밭으로 출렁이었고 어른들은 신작로 옆 삼굿으로 달려가서 삼을 찌고 겨릅을 벗기느라 바쁜 하루를 보내었다. 그럴 때 집을 보는 것은 으레 내 몫이었고 마루 끝에 혼자 앉아 부모님이 빨리 돌아오시기를 손가락으로 헤아리며 무료한 시간을 보낸 기억이 내 기다림의 시작이었다.

어머니가 외가에 가셨을 때 나는 또 얼마나 기다렸던가. 어머니는 항상 바쁜 일로 외가에 갔다 오신다 했고 나는 혼자 툇마루에 앉아 집을 보며 어머니를 기다렸다. 지금쯤 어머니는 흔들흔들 하는 나무다리를 넘어 물레방아 옆을 지나가시겠지. 넓고 긴 들판을 지나 산모퉁이를 돌아 가파른 산길을 올라 외가가 보이는 고갯마루를 올라가시겠지. 이제 외가의 높은 돌담을 지나면 조용한 동네가 울리도록 누렁이가 멍멍 짖고 높은 뒷산 먼 곳 뻐꾸기 소리 들리고 반기는 외삼촌 외숙모님의 얼굴 그리고 어머니는 가슴 속 깊은 곳에 담아두신 실타래 같은 이야기를 한 올 한 올 풀어내시고는 다시 산길을 되짚어 내려와 징검다리를 건너 삽짝 밖에 오시겠지.

생각이 이즈음에 이르면 나는 사립문 밖으로 목을 길게 빼고 어머니가 오실 골목을 뚫어지게 바라보았었다. 그러나 어머니는 번번이 나타나지 않으셨다. 내가 무수한 헤아림과 권태로운 기다림에 지쳐 잠에 곯아떨어져 있으면 그제야 어머니는 삽짝 문을 열고 들어서곤 하였다. 그러나 어머니에 대한 나의 기다림보다 나를 향한 어머니의 기다림이 훨씬 더 크고 긴 것임을 아이의 아버지가 된 지금에야 깨닫는다.

서로를 향한 기다림을 이야기한 것이기에 더 아름답다. 그런데 성경에 보면 창세기 때부터 기다림의 역사가 나온다. 120년 간이나 방주를 지으면서 새 세상을 기다린 노아, 약속의 아들을 기다린 아브라함, 꿈의 성취를 기다린 요셉, 광야에서 늘상 여호와를 기다렸던 다윗 등이 있다. 이들의 기다림은 언제나 하나님 임재의 기다림, 그의 나라에 대한 기다림이었다. 그렇게 이스라엘은 메시야를 기다렸다. 그리고 그렇게 오신 분이 예수였다. 그가 오신 이후로 세상은 바뀌었다. 예수께서 세상에 오시지 않았더라면 하바드나 예일 대학교도 이 세상에 없었을 것이라고 한다. 그들 학교는 원래 기독교학교로 세워졌기 때문이다. 그 학교의 설립자들은 과학을 연구하는 것은 곧 하나님의 세계를 더듬는 것으로 믿었고 그것이 하나님은 어떤 분이신가를 더욱 알아가는 길로 여겼다.

그런데 세상은 거꾸로 날로 어두워져가고 있고 예수는 지금 이 땅에 계시지 않다. 부활하시어 하늘 보좌 하나님 우편에 앉아 계시며 다만 언젠가 이 땅에 재림하실 것을 약속하셨을 뿐이다.

그런데 예수께서는 그의 제자들이 세상 끝 날이 언제 어떻게 올지 묻는 질문에 모른다고 하셨고 그렇지만 반드시 있을 것이라고 하셨다. 다만 그 시대적, 사회적 상황과 징조를 말씀하셨다. 사람들이 노아의 홍수 전처럼 심판의 순간까지도 그 종말을 전혀 의식하지 않을 것이라고 하였고 그렇게 죄악이 지배하는 세상에 묻혀 살 것이라고 하였다.

인류 역사 이래로 지금처럼 죄악의 문란이 전 세계적인 추세로 범람한 적은 없었다. 폭우처럼 온 세상을 뒤덮어 가고 있다. 예수께서는 이런 세상이 오거든 "깨어있으라" 하였다. 무엇을 의미할까? 밤이라는 뜻이다. 그 때 도적 같이 오실 것이라는 뜻이다. 고로 일어나 머리를 들고 준비하라 하셨다(눅21:28).

그런데 여전한 문제는 그 때가 언제일까 하는 점이다. 그 말씀하신 지가 벌써 2,000년도 더 지났기 때문이다. 그래서 더러는 그 언제를 계산하여 미혹하기도 하고 더러는 그런 날은 없을 것이라고 비웃기도 한다(벧후 3:3-10). 그러는 동안 주께서 택하신 백성들, 곧 그 남은 자들은 고달프 기만 하다. 언제 오시려나?

그러나 말이다. 그 기다림이 우리만의 기다림이 아니라는 사실을 알자. 주님 또한 기다리신다. 아들을 집에 홀로 두고 외가에 다녀오시는 어머니 처럼 다시 오실 날을 기다리시는 예수의 기다림이 우리의 기다림보다 훨씬 크고 길 것이다. 그분께서 약속하신 말씀이 그렇다.

내가 너희를 고아와 같이 버려두지 아니하고 너희에게로 오리라(요14:18)

예수께서는 기다림에 지쳐있는 우리에게 유태연 씨의 어린 시절 엄마처럼 생각지도 않은 때에 삽짝문을 열고 오실 것이고 그 때 우린 눈물겹도록 반가울 것이다.

나눌 수 없는 것

그 때에 천국은 마치 등을 들고
신랑을 맞으러 나간 열 처녀와 같다 하리니
그 중에 다섯은 미련하고
다섯은 슬기 있는지라(마25:1,2)

1976년도 전미대학농구대회에서 인디애나대학팀이 전승으로 우승을 했다. 이에 팀의 감독 바비나이트가 TV 인터뷰를 하게 되었고 진행자가 물었다.

"인디애나 농구팀은 이번 대회 동안 승승장구하여 챔피언십에 오르는데 성공하였습니다. 축하드립니다. 그런데 그렇게 성공할 수 있었던 이유가 어디에 있다고 보십니까? 성공하려는 의지가 대단했던 것 아닌가 싶습니다만..."

그러자 그가 말했다.

"그렇습니다. 게임에서 승리하려면 성공하려는 의지가 있어야하고 그 것은 대단히 중요한 요소이기도 합니다. 그러나 그보다 더 중요한 것이 있습니다. 그것은 바로 준비하려는 의지입니다."

그리고 이어서 말했다.

"그것은 매일 훈련하려는 의지, 그래서 필요한 근육을 만들려는 의지, 그리고 기술을 좀더 날카롭게 다듬으려는 의지입니다."

예수께서 하나님 나라를 혼인잔치에 비유해서 말씀하셨다. 신부 들러리 열 명의 처녀가 늦은 밤 신부 집에 오기로 되어 있는 신랑을 맞이하려고 각기 등을 들고 기다렸는데 신랑이 늦게 오자 졸고 있다가 신랑이 오자 기름이 준비된 다섯 처녀는 등불을 밝히고 혼인잔치에 함께 들어갔지만 나머지 다섯은 기름이 없어 잔치에 들어가지 못했다는 이야기이다. 그 과정에서 미련한 다섯 처녀들이 슬기로운 다섯 처녀들에게 기름 좀 나눠 달라고 요청했지만 거절을 당했다.

준비된 사람만이 하나님 나라에 들어갈 수 있다는 요지이다. 준비물은 등잔과 기름이다. 빈 등잔 뿐인 명목상의 교인은 하나님 나라 입장 불가이고 기름 든 등잔 같이 빛을 내는 교인만이 천국입장이 가능하다는 뜻이다. 등잔은 필요조건이고 기름은 충분조건이다. 둘 다 있어야 완전 조건이 된다. 그런데 그 기름이라는 게 대체 무엇을 말하는 것일까?

비유 가운데 그 답이 나온다. '나눠줄 수 없는 기름'이다. 기름이니까 조금 따라 나눠주고 심지를 작게 올려 불만 밝히면 될 것 같은데 그게 불가능하다는 것이다.

그것은 무엇을 뜻할까? 나눠주고 싶어도 나눠줄 수 없는 종류의 기름이라는 뜻이다. 남과 공유할 수 없는 오직 자기만 사용할 수 있는 기름이란 뜻이다. 우리가 주님을 만나러 나아가려면 그래서 천국잔치에 참여하려면 주께 드릴 나만의 것이 준비되어 있어야 한다는 뜻이다. 과연 우리 각 사람은 나만의 무엇을 가지고 하나님 앞에 나아갈 수 있을까?

그와 동일한 질문을 한 이가 있다. 미가 선지자이다. 그는 이렇게 혼잣말을 했다.

내가 무엇을 가지고 여호와 앞에 나아가며
높으신 하나님께 경배할까
내가 번제물 일 년 된 송아지를 가지고 그 앞에 나아갈까
여호와께서 천천의 수양이나 만만의 강수 같은 기름을 기뻐하실까
내 허물을 위하여 내 맏아들을,
내 영혼의 죄를 인하여 내 몸의 열매를 드릴까(미6:6~7)

이것은 우리 인간이 생각하고 저지르기 쉬운 오류이다. 우리는 하나님께

무얼 드릴 때 자기가 좋아하는 것을 드려야 한다는 생각을 한다. 내가 감동받으면 하나님도 감동받으실 것이다. 많으면 많을수록, 정성이 더하면 더할수록 그럴 것이다. 그래서 천천의 수양이나 만만의 강수 같은 올리브의 기름으로 또는 내 맏아들이라도 드려야 한다고 생각을 한다. 그렇게 해야 하나님께 나아가 만날 자격이 있다고 믿는다. 그러나 이런 미가의 혼잣말에 하나님께서 그 다음 절에 이렇게 답변하신다.

사람아 주께서 선한 것이 무엇임을 네게 보이셨나니
여호와께서 네게 구하시는 것이
오직 공의를 행하며 인자를 사랑하며
겸손히 네 하나님과 함께 행하는 것이 아니냐(미6:8)

요약하면 두 가지이다. 그 중 하나는 '하나님을 닮아가는 윤리적 경건'이고 또 하나는 '하나님과 동행하는 영적 경건'. 줄여서 나만의 경건. 그것이 나만이 소유할 수 있는 기름이다. 예수께서 이미 한 차례 말씀하셨던 내용이다.

나더러 주여 주여 하는 자마다 천국에 다 들어갈 것이 아니요
다만 하늘에 계신 내 아버지의 뜻대로 행하는 자라야 들어가리라(마7:21)

"주여, 주여" 하는 것만으로는 빈 등잔일 수 있다. 준비가 있어야 한다.

어느 부자가 다소 어리석은 하인 한 사람을 거느리고 있었다. 그 어리석

음 때문에 주인은 몹시 화가 날 때가 많았다. 어느 날 그 주인은 절망감에 사로잡혀 이렇게 말했다.

"난 지금까지 너처럼 어리석은 사람을 만나보지 못했다. 여기 이 지팡이를 평생 지니고 다녀라. 그리고 언제든 너보다 더 미련한 사람을 만나거든 이 지팡이를 그에게 주어라."

그렇게 해서 그 하인은 그 지팡이를 지니고 다니게 되었다. 저잣거리에서 꽤나 어리석은 사람을 만날 때가 더러 있긴 했지만 자신보다 더 미련한지를 확신할 수가 없어 지팡이를 넘겨주진 못하곤 했다.

세월이 흘러가도 그 지팡이는 여전히 그의 손에 있었다. 그러다 그 주인이 늙어 병상에 눕게 되었고 병문안 온 하인과 주인 사이에 대화가 시작되었다. 주인이 말했다.

"난 이제 긴 여행을 떠나려한다."
"언제 돌아오실 건데요?"
"이번 여행은 내가 돌아오지 않아."

걱정이 된 하인의 질문이 계속되었다.

"주인님, 그렇다면 여행 준비는 다 하셨습니까?"

"아니, 하나도 안했어."

"왜요? 준비하시려면 얼마든지 하실 수 있었을 텐데요."

"할 수 있었지. 하지만 그 동안 다른 것에 너무 바빴어."

"아니 그렇게 멀리 여행을 가시면서도 준비를 하나도 안하시다니요. 나 원 참."

"그러게 말이야. 내가 어리석었어."

이 말을 들은 그 하인, 그 동안 들고 다니던 지팡이를 주인에게 주면서 말했다.

"주인님이 이 지팡이를 가지고 가세요."

성경에 있는 약속의 말씀이다.

망령되고 허탄한 신화를 버리고
오직 경건에 이르기를 연습하라

육체의 연습은 약간의 유익이 있으나
경건은 범사에 유익하니
금생과 내생에 약속이 있느니라(딤전4:7,8)

교인이라는 스티커가 붙은 등잔을 소유하고 있고 많든 적든 최선을 다해 경건의 기름을 등잔에 채우며 사는 사람은 깜박 졸더라도 한밤중 찾아오시는 주님의 얼굴을 불 밝혀 볼 수 있겠지만 기름 없는 빈 잔 뿐인 사람은 등을 밝힐 수 없어 주님의 얼굴조차도 볼 수 없는 바깥 어두운 곳에 있어야 한다. 이를 갈며 후회해봤자 늦었다. 그에게 혼인잔치는 끝난 잔치이기 때문이다.

실패파티

무릇 있는 자는 받아 풍족하게 되고
없는 자는 그 있는 것까지 빼앗기리라(마24:29)

몇 가지 질문을 하게 하는 비유가 예수의 달란트 비유이다. 세 명의 종들에게 주인이 오랜 기간 자리를 비우면서 재산을 각각 나눠 맡기곤 자기 없는 동안 대신 그 자금 운용을 부탁했던 모양이다. 5달란트, 3달란트, 그리고 1달란트씩. 그런데 1달란트만 해도 무척 큰 돈이다. 1달란트가 순금 33kg 정도였으니까 요즘 시세인 g당 45,000원으로 계산하면 약 15억 원이다.

어쨌거나 세월이 흐른 후 회장인 주인이 돌아와 그들 계열사 CEO들에게 자금 운용 결과를 보고 받았는데 많은 자금을 맡은 두 사람은 곱절로 남겼고 나머지 한 사람은 원금만 돌려줬다는 것이다. 그러자 원금 상환으로 그친 그 CEO만 그 그룹에서 해임되고 쫓겨났다는 것이고 나머지 둘은 상여금도 받고 더 중책도 맡게 되었다는 이야기이다.

사람마다 능력과 자질이 다르고 그래서 그렇게 차등을 두고 맡긴 모양인데 '사람이 못나서 그랬나 보다' 또는 '내 그럴 줄 알았다' 하고 지나갈 일을 그 회장님은 왜 그렇게까지 심하게 차별했을까 하는 게 첫 번째 의문이고 두 번째는 다른 두 사람은 한 번의 실패도 없이 재산을 배가시켰던 투자의 귀재였을까 하는 것이다. 또 한 가지는 하나님은 과연 능력자를 우대하시는 분이신가 하는 것이고 마지막 한 가지는 '그런 곳이 하나님 나라인가?' 라는 것이다.

이런 의문을 해소할 만한 답변은 과연 무엇일까? 늘 그렇듯이 그 대답 또한 예수께서 말씀하신 비유 가운데 있다.

그 주인이 대답하여 가로되 악하고 게으른 종아(마25:26)

그 주인이 그렇게 말할 수밖에 없었던 이유 또한 나온다. 그 종이 이렇게 말했던 것이다.

내가 두려워하여(마25:25)

이는 투자 실패를 용납하지 않을 주인이 두려웠다는 말이고 그래서 행여 잘못되는 경우에는 나를 가만 두질 않을 사람인 걸 안다는 뜻이었다. 곧 당신이 문제의 원인 제공자이지 나는 아니고 그런 의미에서 나는 오히려 피해자이고 희생자라는 궤변이었던 것이다. 자신의 실패를 감추고 그 책임을 교묘히 전가하려는 악한 간교함이 그에게 있었던 것이다.

그렇다면 나머지 두 사람은 어떠했던 것일까? 그들은 그렇지 않았던 것일까? 그들은 결코 실패하지 않을 자신이 있었고 정말 단번에 성공했던 것일까?

그럴 리가 없다. 그들도 실패가 두려웠을 것이고 실제로 투자에 몇 차례 실패했을 것임이 분명하다. 실패 없는 성공이란 세상에 없기 때문이다. 성공이 클수록 먼저 큰 실패를 경험하는 것이다. 게다가 우리의 연약함을 아시는 하나님은 우리의 실패를 결코 용납하지 않는 분이 아니시고 그럴 때면 오히려 다가와 손 내미시며 일어나 걸으라고 용기를 주는 분이시다.

세계 최초로 사이클론 기술을 적용해 먼지봉투 없는 진공청소기를 만든 기업이 영국의 '다이슨'이다. 그래서 제품 출시 3년 만인 2002년에 100년 역사를 자랑하는 미국 토종기업 후버를 제쳤다. 그렇게 되기까지 그들은 작은 실패를 무려 5,127번이나 했다. 실패를 통해 새로운 기술이나 지식을 습득했기 때문이다. 그래서 성공은 99%의 실패로 이뤄진다는 말이 생겨났다.

지금도 그렇다. 소위 잘 나간다는 기업들은 실패를 기회로 만드는 데 적극적이고 심지어 '실패상'을 시상하기도 하고 '실패파티'를 열기도 한다. BMW(비엠더블유), 3M(쓰리엠), Honda(혼다), IDEO(아이디오), Google(구글) 등이 그런 기업들이다.

실패가 두렵긴 해도 그걸 무릅쓰고 투자하는 삶에 성공의 기회가 있다는 말이다. 투자 실패란 근본적으로 없고 투자하지 않는 것이 실패인 것이다. 위기를 만날까봐 도전의 기회를 피하는 것, 그것은 변화를 두려워한다는 의미이다. 변화란 땅 속에 돈을 묻어두는 것 같은 안전함과 편안함을 주는 익숙한 환경에서 떠나야 함을 의미한다. 환경이란 그 조건이 어떠하든 믿음으로 해석하고 수용하는 사람에게는 창조적인 '나'를 만들어내는 자원이 된다는 사실을 알아야 한다.

그럼에도 그것을 피하는 사람은 왜 그럴까? 게을러서 그런 것이다. 왜냐하면 게으름에는 언제나 따라다니는 변명이 하나 있는데 바로 두려움이다. 잠언서의 말씀이다.

게으른 자는 말하기를
사자가 밖에 있은즉
내가 나가면 거리에서 찢기겠다 하느니라(잠23:13)

'나간 놈의 몫은 있어도 자는 놈의 몫은 없다'는 옛 말이 있다. 음식을 나눠 먹을 때 출타중인 사람의 몫은 남겨두어도 게을러 자는 사람의 몫은 남겨두지 않는다는 말이다. 오늘의 비유가 그런 뜻이다. 두려움을 게으름의 핑계로 삼고 책임전가나 하며 어떤 변화도 시도치 않는 사람에겐 주께서 위로해 줄 일도 없었고 나눠 줄 어떤 몫도 없다는 뜻의 말씀이다. 반면에 곱절을 남겨 주인으로부터 칭찬받은 그 두 사람이 받은 상은 영광스런 도전자가 받는 '실패상'이라고도 볼 수 있다. 하나님 나라는 이 같은 사람들의 '실패파티'가 열리는 곳이다. 예수께서 말씀하셨다.

요한의 때부터 지금까지
천국은 침노를 당하나니
침노하는 자는 빼앗느니라(마11:12)

하라는 걸 해라

여기 내 형제 중에 지극히 작은 자 하나에게 한 것이
곧 내게 한 것이니라(마25:40)

같은 대학 같은 과를 나온 동기생 A, B 두 명이 같은 회사, 같은 부서에
각각 과장으로 근무하고 있었다. 워낙 뛰어난 엘리트들이라서 일을 잘했
다. 1980년대 초반 내가 포항에 있을 때 공장에서 같이 일하던 후배들이
었다. 누가 더 뛰어나다고 할 수 없을 만큼 각각의 자질이 탁월했기에 주
변 사람들의 기대를 모았던 사람들이었다.

그런데 어느 날 A가 맡은 공장에서 사고가 났다. 책임을 물어야 할 만큼
큰 사고여서 A는 물론 나도 경찰 조사를 받아야했다. 그래서 각오하고 있
었는데 A가 내게 말했다.

"부장님 걱정 마이소. 내가 깜방 갈랍니다."

물론 그럴 정도는 아니어서 잘 수습이 되었다. 그런데 비슷한 사고가 이번엔 B에게서 났다. 그러자 B가 부장인 나를 찾아와 말했다.

"이번 일은 업무상 총책임자인 부장님이 책임지고 처리해주셔야겠습니다."

틀린 말이 아니라서 그러마고 했다. 그리고 얼마 후 내가 서울 본사 기획실로 올라가게 되었고 내 후임으로 A가 부장이 되었다. B는 그 동안 더 큰 기업으로 이직한 후였다. 다행이다 싶었던 게 개인적인 고마움도 있었지만 A가 현장 근로자들의 아픔을 더 잘 품어 줄 사람으로 보였기 때문이다.

두 개의 법이 있다. 하나는 자연법(양심법)이고 또 하나는 실정법이다. 성경적으로 말하자면 하나는 '하나님 나라의 법'이고 또 하나는 '세상 나라의 법'이라고 할 수 있겠다.

얼마 전 아내가 휠체어를 타야 할 정도로 크게 다쳤다. 그런 아내를 차에 태우고 볼 일이 있어 읍사무소엘 갔었다. 차에서 휠체어를 내려야 했기에 장애인용 주차표시가 있는 곳에 차를 대려고 했는데 그곳 주차요원이 우리 차는 장애인차량표지판이 없다고 안된다고 했다. 사정을 아무리 설명해봐도 막무가내였다. 그래서 일단은 다른 곳으로 옮겨 불편하게 일을 처리했다. 일을 마치고 아까 그일에 대해 여자인 담당 공무원에게 항의했더니 형식적으로 미안하다고 하면서 우리에게 말했다.

"그래도 장애인차량표지판이 있는 게 원칙입니다"

그래서 내가 그랬다.

"아가씨 가족이라도 그렇게 할거요? 법적 정당성 이전에 윤리적 정당성이 먼저 아닌가요?"

대부분 서구사회의 법은 성경의 십계명이 근간이고 우리나라 법체계도 그걸 카피한 것이다. 그래서 '하지 말라'는 금지법이 기본이고 어기면 벌을 받는다. 따라서 법만 잘 피하면 된다. 그러면 책임을 면할 수 있다.

그래서인지는 몰라도 공직사회에 종사하는 사람들은 일처리에 있어서 신상에 지장이 없도록 매우 조심하는 것 같고 그러다 보니 법적 규제가 우선시되는 일들이 많은 모양이다. 하지 말아야 할 것만 잘 살피면 별 탈 없는 것이다.

반면에 예수 나라의 법은 '하라'의 법이다. 예를 들어 십계명의 열 번째 계명이 "네 이웃의 것을 탐내지 말라"이지만 예수의 계명은 "달라면 주라"는 것이고 할 수 있으면 더 주라는 식이다. 그런데 이 말을 세상 법으로 보면 참 우습다. 안 준다고 처벌받는 게 아니기 때문이다. 세상 법으로는 위법이 아니고 아무 잘못이 없는 것이다.

그런데 그게 죄가 되는 세상이 있다는 말씀이다. 그래서 그 댓가를 치러야 하는 나라. 바로 우리가 이 세상을 떠날 때 또는 예수 재림 때 가야 할 나라, 곧 하나님 나라가 그곳이다. 예수께서 양과 염소를 비유하여 말씀하신 것이 그 내용이다. 예수께서 그의 나라 입구, 곧 입국 심사대에서 양과 염소로 비유되는 사람들을 만났다. 그리고 오른 편에 있는 양들에게 말씀하셨다.

내가 주릴 때에 너희가 먹을 것을 주었고
목마를 때에 마시게 하였고
나그네 되었을 때에 영접하였고
벗었을 때에 옷을 입혔고
병들었을 때에 돌아보았고
옥에 갇혔을 때에 와서 보았느니라(마25:35~36)

이 말씀을 하시곤 그런 너희들은 예비된 나라, 곧 하나님 나라에 입국하라고 허락하셨다. 반면에 왼편에 있는 염소들에게는 이렇게 말씀하셨다.

또 왼편에 있는 자들에게 이르시되
저주를 받은 자들아 나를 떠나

마귀와 그 사자들을 위하여
예비된 영영한 불에 들어가라
내가 주릴 때에
너희가 먹을 것을 주지 아니하였고
목마를 때에 마시게 하지 아니하였고
나그네 되었을 때에 영접하지 아니하였고
벗었을 때에 옷 입히지 아니하였고
병들었을 때와 옥에 갇혔을 때에
돌아보지 아니하였느니라(마25:41-43)

흥미로운 사실은 이들 두 무리 모두 자신들이 예수께서 말씀하신 그런 행위들을 행한 기억이 없다고 주장하고 있다는 점이다.

왜 그랬을까? 이 세상을 사는 방식으로 저 세상을 바라보았기 때문이다. 이 세상엔 이 세상 법이 있지만 저 세상엔 저 세상 법이 있다는 사실을 간과했기에 기억에 없는 것이다.

인생 가운데 저 세상으로 가지 않을 사람이 누가 있을까? 우리가 다른 나라로 이민가면 공항 입국 심사장에서부터 그 나라 법이 적용되듯이 저 세상인 예수의 나라도 입구에서부터 그 나라의 법이 적용된다. 그걸 간과했던 모양이다. 염소들이 항변했다.

"우리 잘못이 뭡니까? 우리가 무슨 악행이 있습니까? 계명도 잘 지키고 헌금도 잘 하고 하지 말라는 건 안했지 않습니까?"

그들은 예수께서 분명 산상수훈에서 마음이 가난한 자가 천국 백성이 된다고 말씀하셨지만 그것이 설마 천국 입국 심사기준일 줄은 생각지 않았던 것이고 따라서 죄로 여기지 않았던 것이기에 별거 아니게 듣고는 지극히 작은 자 하나를 돌보지 않고 자기만 돌본 '배부른 죄'를 범했던 것이다.

반면에 양들은 혹시나 해서 더러 없는 자들을 돌보고 나누는 일을 했고 그러면서도 이 까짓 정도가 뭔 대수일까 싶었던 모양인데 그게 공로상이 아니고 하늘나라 입국비자가 되더라는 것이다.

그렇게 양들은 하나님 나라로, 염소들은 불의 나라로 갔다. 어디서 본 이야기인데 유대인들은 원래가 유목민들이고 그래서 양과 염소에 관해 잘 안다고 한다. 양과 염소는 낮 시간 동안은 우리 밖 풀밭에서 섞여 지내지만 밤이 되면 목자들은 양과 염소를 따로 된 우리 안에 몰아넣는다고 한다. 염소는 양과는 달리 털이 적어 밤이 되면 추위를 훨씬 더 타기 때문이라는 것이다. 따로 재워야 피차 편한 것이다. 그렇게 밤이 되면 양과 염소가 가는 장소가 달라진다는 것이고 그래서 그렇게 추위를 타는 염소들이기에 따뜻하다 못해 견딜 수 없을 만큼 뜨거운 불의 나라로 보내지는 모양이다.

타국으로 이민을 신청할 때 우리 나라에서 아무 문제도 없었던 것이 그 나라에서는 거부될 수 있는 것은 두 나라의 법이 다르기 때문이다. 이 세상에서는 불법이 아니더라도 저 세상에서는 불법이 될 수 있고 그 기준은 그 나라의 임금이신 예수께서 정하신다. 기준은 이것이다.

"내가 하라는 걸 해라!"

다시 처음으로

열두 살 먹은 토미라는 소년이 아버지와 함께 수륙양용 비행기를 타고 알라스카의 야생공원에 낚시여행을 갔다가 돌아오는 길에 비행기가 그만 얼음물 속에 처박히고 말았다. 그래서 1.5킬로미터가 되는 해안가로 헤엄쳐나가기 시작했다. 그러나 그것은 어린 토미에겐 무리였다. 영하에 가까운 수온에 지쳐 허우적거리기 시작했고 머리에는 얼음조각들이 엉기고 있었다.

그것을 본 토미의 아버지, 아들이 있는 곳으로 되돌아와 아들을 붙잡고 함께 헤엄치기 시작했으나 불가능한 일이었다. 그러자 아버지는 아들을 품에 안았다. 그리고 아들에게 자장가를 불러주기 시작했고 얼마 후 두 사람은 바다 속으로 사라져버렸다. 아들은 그가 아기 적에 듣던 자장가를 불러 주는 아버지와 동행하는 길이었으므로 그것이 비록 죽음의 문턱을 넘는 일이었지만 안도하며 평안히 새로운 세상으로 여행을 떠났던 것이다.

가슴 미어지는 아버지의 사랑의 이야기이지만 죄악의 바다에서 허우적거리던 우리의 죽음에 함께 하신 예수 그리스도의 사랑 이야기와 같다. 그런데 그 사랑 이야기는 거기서 끝나지 않는다. 예수께서 우리의 죽음에 함께 하신 것처럼 우리의 부활에 또한 함께 하시는 것이다. 우리의 삶뿐만 아니라 죽음과 부활에도 홀로 두지 않으시고 함께 하시는 것 그것이 십자가와 부활의 의미인 것이다.

예수께서는 자신의 부활에 대하여 제자들에게 여러 번 말씀하셨지만 제자들은 귓등으로 흘려들었다. 처음부터 그들이 부활 때문에 예수를 좇기 시작했던 것이 아니었기 때문이다. 뭔가 인생 전환과 신분 탈출의 계기가 될 것 같아서 예수를 좇았다.

그러다가 어느 날부터인가 예수께서 십자가의 죽음과 부활을 말씀하기 시작했는데 그들은 그것을 어디까지나 예수 자신의 문제로만 생각했던 모양이고 게다가 부활 자체를 신빙성있게 받아들이지 않았던 모양이다.

예수께서 십자가에서 처형되는 모습을 보면서 한 말을 보면 그렇다.

우리는 이 사람이 이스라엘을 구속할 자라고 바랐노라(눅24:21)

무덤에 장사된 후에도 여전했다. 사흘 후 그들이 무덤을 찾은 건 부활을 믿어서가 아니라 시신이 염려되어서였다. 그들이 그곳을 찾은 것은 죽은 예수를 만나기 위해서였던 것이다. 그런데 빈 무덤이었고 이에 누군가가 예수의 시체를 훔쳐갔을 거라고만 생각했고 그래서 무덤을 지키던 천사들에게조차도 예수의 시체 행방을 물었고 부활하셨다는 말을 들어도 믿지 않고 무덤 밖에서 울고 있었고 심지어 부활하신 예수께서 다가오셨어도 동산지기로 여길 정도였다. 부활에 관한 제자들의 믿음이 그랬다. 부활하신 예수를 만나고도 시큰둥했던 것이다.

어쩌다 제자들이 그렇게까지 되었던 것일까? 이는 동시에 어떻게 해야 그들이 그런 불신앙에서 벗어날 수가 있을까 하는 문제가 되기도 하다. 그런 그들에게 예수께서 주신 해답은 갈릴리였다.

이에 예수께서 가라사대
가서 내 형제들에게 갈릴리로 가라 하라
거기서 나를 보리라 하시니라(마28:10)

당시 제자들은 모두 예루살렘에 머물러 있었고 예수 또한 그곳에서 부활하셨는데 갈릴리로 가라 하셨던 것이다. 왜 갈릴리였을까? 그곳이 원래 그들의 자리였고 그들이 예수를 처음 만나 따르기 시작했던 곳이기 때문이다. 그들이 그곳에서 만난 예수는 그들이 처음 경험하는 희망이었다. 그물에 넘치는 물고기, 죄인들의 친구, 중풍병자, 저는 자, 소경, 문둥병자, 귀신들린 자들의 치유, 오병이어의 기적과 물이 포도주로 변하는 기적, 바람을 잠잠케 하는 능력의 예수가 그들이 처음 만난 예수였다.

그랬던 그들이 예루살렘에서 예수를 버렸다. 갈릴리에서와는 달리 예루살렘으로 올라오기 시작하면서 그들은 변질되기 시작했다. 변두리 촌놈들이 분수를 잊고 세상 꿈을 꾸기 시작한 것이다. 예수 중심이 아닌 자기중심으로 변해갔다.

그러자 예수와의 관계에도 변질이 왔다. 결국 그를 버리고 도망까지 갔다. 그렇게 된 곳이 바로 예루살렘이었다. 갈릴리는 예수와 동행했던 곳이고 예루살렘은 예수와 분리된 곳이었다. 그렇게 되니 기쁨과 활력도 잃어버리게 되었다. 그런 그들을 어떻게 해야 할까?

부부 싸움 후 냉전이 길어지면 남편과 아내는 서로 처음 만났던 곳을 생각하는 법이다. 수줍은 미소, 주고 받았던 말, 토끼풀로 만든 반지와 팔지 등을 생각하면서 말이다. 그러면서 서로 마음을 추스르고 다시 제자리로 돌아와서 화해하고 용서하고 활기를 되찾는 것처럼 제자들은 예수와 처음 만났던 갈릴리로 가야 했다. 좀더 본질적으로는 예수와의 관계에 변질을 주어 예수로부터 떠나게 했던 예루살렘을 떠나야 했다. 갈릴리는 그들과 주님이 만났던 첫사랑의 자리였고 그것을 회복해야 했다. 용서의 자리여야했고 새로운 소망의 자리, 새 출발의 자리여야 했다.

그러나 갈릴리로 돌아간다는 것은 부끄럽고 창피한 일이었다. 고향을 떠난 지 3년 후에 빈 손의 실패자로 돌아가는 것이었기 때문이다. 그럼에도 불구하고 부활하신 예수께서 그들을 굳이 그곳에서 보자고 하신 것은 그들의 인생이 끝난 것이 아님을 가르치기 위함이었다. 일몰의 자리에서 일출의 자리로 돌아가자는 뜻이었다. 예수께서는 그곳에서 제자들을 다시 만나 부활하심으로 시작한 예수의 나라를 완성해나가려 했던 것이다. 그렇게 그들은 갈릴리로 돌아갔고 그곳에서 만난 제자들에게 예수께서 말씀하셨다.

그러므로 너희는 가서
모든 족속으로 제자를 삼아
아버지와 아들과 성령의 이름으로 세례를 주고
내가 너희에게 분부한 모든 것을 가르쳐 지키게 하라
볼지어다 내가 세상 끝 날까지
너희와 항상 함께 있으리라(마28:19, 20)

이렇게 마태복음은 끝이 난다. 그리고 예수의 분부대로 세상 끝으로 나가기 시작한 사도들에 의해 예수의 나라가 전파되면서 그들의 행적들이 기록되기 시작했다. 그것이 사도행전이고 그 행전의 기록은 지금 우리에게서 계속되도록 분부되고 있다.

지치고 의기소침해지면 언제나 예수의 음성을 듣자.

"갈릴리에서 만나자."
"거기서 다시 시작하자."

광야로

세례 요한이 이르러 광야에서
죄 사함을 받게 하는 회개의 세례를 전파하니 (막1:4)

재미있는 일본의 고사가 있다. 선불교의 대가인 고승에게 고양이 한 마리가 있었다. 그가 고양이를 얼마나 애지중지했던지 참선 시간에도 항상 함께할 정도였다. 어느 날 아침, 그 고승은 세상을 떠나고 선방의 최고참인 상좌가 그의 자리를 이어받았다.

"고양이는 어떻게 하면 좋을까요?"

수좌들이 묻자 새 방장은 스승을 기리는 뜻에서 참선 시간에 고양이를 들여보내도 좋다고 허락했다. 시간이 지나면서 고양이 이야기가 다른 절에도 퍼지기 시작했다. 그러다가 그 고양이가 죽자 고양이에 길든 수좌들은 다른 고양이를 들였다. 그들은 고승의 명성과 가르침의 비결이 고양이에 있다고 믿으며 정작 입적한 고승이 얼마나 훌륭한 스승이었는가는 까맣게 잊고 말았다.

한 세대가 지나고 선불교에서 참선에 있어서 고양이의 중요성을 알리는 지침서가 출간되기에 이르렀다. '고양이는 집중력을 높여주고 바르지 못하고 나쁜 기운을 물리친다' 는 가설을 발전시킨 어느 대학교수의 연구 결과였다.

세월이 흘러 그 선원에 다른 선사가 들어왔는데 동물 털에 알레르기가 있어 수행에 고양이를 참여시키지 못하게 했다. 수좌들은 거세게 반발했지만 선사는 고집을 굽히지 않았다. 선사의 가르침이 뛰어났던지라 고양이 없이도 수좌들의 수행은 날로 진전을 보였다. 그러자 서서히 다른 선방에서도 고양이를 내보내게 되었다. 그로부터 이십 년 후 혁신적인 새 가설들이 등장했다. '고양이 없는 참선의 중요성', '동물의 도움 없이 정신력으로 선의 세계에서 평정을 찾는 법'.

다시 한 세기가 흐르고 고양이는 그 지역 참선 수행에서 완전히 자취를 감추었다. 그렇게 제자리로 돌아오는 데는 이백여 년이 걸렸다. 고양이가 왜 참선 수행에 함께해야 하는지 아무도 묻지 않았기 때문이다.
하나님의 부르심에는 두 가지가 있다. 하나는 니느웨로 요나를 부르심 같이 사람 사는 곳으로의 부르심이고 또 하나는 사람이 살지 않는 곳, 곧 광야로의 부르심이다. 그런데 어느 부르심이 먼저일까? 광야로의 부르심이 먼저이다. 니느웨는 목적의 장소인 반면 광야는 준비의 장소이기 때문이다. 그리고 그 부르심의 목적은 '변화'를 위해서이다.

그런데 그 변화라는 게 오래 가지 못한다. 익숙해지다 보면 나태해지고 그러다 보면 고양이에 익숙해진 선방처럼 그 목적을 잊어버리기 쉽다. 예수가 오실 당시 유대인들이 그랬다. 그럴 때 필요한 게 있는데 곧 '물러감'이다. 영어로 retreat. 군사적 용어로 퇴각이라는 의미의 이 말, 전투장으로부터 멀리 떠남을 뜻한다. 전투에서의 패배 방지와 적에게 포로됨을 방지하기 위함이고 최종적으로 승리하기 위해서다. 오늘날 교회에서 가지는 수련회가 그런 의미의 것이다. 그리고 그 물러감의 장소는 언제나 동일하게 광야이다. 하나님께선 그의 백성들을 그곳으로 부르신다. 그와 같이 세례요한 또한 예루살렘 성전 고양이에 익숙해져있는 유대백성들을 광야로 불렀다.

그런데 광야란 사나운 짐승이 있고 독사와 해충 그리고 길 잃을 위험이 있는 곳이고 혹독한 더위와 목마름이 있는 곳이다. 그래서 할 수만 있으면 피하고 싶고 가기 싫은 곳이다. 그러나 성경엔 광야로 가야만 했던 사람들 이야기가 참 많다. 아브라함, 이삭, 야곱, 하갈, 모세, 엘리야, 선지자들, 다윗과 요나단, 에디오피아 내시, 바울 등. 그런데 이들 광야의 사람들에게는 공통점이 있다. 바로 하나님과의 만남이다. 그들의 준비됨을 위해 그곳에 계셨던 것이다.

그런데 무소부재하신 하나님이신데 왜 그곳이어야만 했을까? 아무 가진 것도 쥔 것도 마음을 달래줄 것도 의지할 것도 없는 곳에 가서 홀로 있어야만 하나님을 뵐 수가 있기 때문이다. 그래야 처음 하나님을 만났을 때를 기억하게 되고 지금 자신의 모습을 되돌아 볼 수 있는 것이다.

세례요한이 사람들을 그곳으로 부르고 '회개의 세례'를 베푼 이유가 그것이었고 그렇게 그들의 왕으로 오실 예수를 만날 준비를 하라는 것이었다.

그런데 '회개의 세례'라는 것, 그것은 당시 유대인들에게 충격적인 용어였다. 그들은 태어난 지 팔 일 만에 할례를 받음으로써 하나님의 선민이 된 것이라고 믿어왔기 때문이다. 할례는 성결의식이고 그렇기 때문에 이미 거룩한 그들에게 있어서 회개의 세례란 어불성설이었고 그래서 새로운 세례는 유대교로 개종하고자 하는 이방인들에게나 해당되는 것이었다. 그것을 모를 리 없는 세례요한이 그렇게 말했던 이유는 겉만 하얗게 발라 깨끗해 보이는 흰 페인트칠한 무덤같이 겉과 속이 다른 그들의 삶 때문이었다.

우리 또한 주일 예배 때마다 죄를 얼마나 잘 고백하는가. 그리고 그것으로 영적 위안을 삼고 그걸로 일주일을 정리하고 새로운 일주일이 준비된 것으로 생각한다. 그런데 그걸로 끝이다. 안에는 비워지지 않고 고여 있어 냄새가 진동하는 싱크대처럼 조금도 달라진 게 없다. 겉만 희어졌을 뿐이다. 그게 회개일 수가 없다. 잠언 28장 13절의 말씀을 보자.

자기의 죄를 숨기는 자는
형통치 못하나
죄를 자복하고 버리는 자는
불쌍히 여김을 받으리라

참된 회개란 '자복과 버림'이다. 자복에 그친 회개는 회개가 아니라는 것이다. 아무리 할례 또는 세례를 받은 택한 백성이라고 해도 거기에 머물러있는 한 이방인에 불과하다는 것이다. 이방인이란 stranger, 곧 낯선 사람, 하나님께 모르는 사람이라는 뜻이다. 사도신경을 외우며 자신을 하나님의 백성이라고 믿고 싶겠지만 그게 아닐 수 있다는 것이다. 때문에 그런 경우에 있는 사람은 하나님을 알 수가 없고 만날 수도 없다. 그가 주일마다 교회에서 보고 오는 건 하나님이 아닌 사람들일 뿐인 것이다.

애굽의 왕자로 있을 때의 모세도 그랬다. 그의 눈엔 고통받는 동족들의 모습만 보였고 하나님은 보이질 않았다. 그러다가 모든 것을 잃고 광야로 추방되어 세상에서 소외되고 쓸쓸하기 그지없는 세월을 보내다 비로소 하나님을 만날 수 있었고 그렇게 되기까지 40년이 걸렸다. 그만큼 버려야 할, 그리고 비워져야 할 것들이 많았다는 뜻이다.

어쭙잖은 비교이긴 하지만 교회개척 초기, 차도 팔고 집도 팔고 시작한 교회여서 주보 한 장 인쇄하려 해도 시내로 나가야 했기에 몹시 불편했다. 덥고 복잡한 버스를 타고, 전철을 갈아타고 가야 했는데 그럴 때마다 시원한 바람이 나오는 자가용에 익숙했던 내 자신이 얼마나 스스로 위축되고 서럽고 비참한 마음이 들었는지 모른다. 그러나 그렇게나마 겸손을 배우며 하나님을 만나기 시작했던 기억이 있다.

애완동물 없이 못살 것 같은 시대가 되었지만 그것들이 내 삶의 왕좌를 차지하게 할 순 없는 일이다. 하나님을 만나야 모든 것의 답이 나온다. 때문에 광야로 가야 한다. 기왕이면 시설 완비된 기도원보다는 산속 바위 밑이나 기도 굴 같은 곳으로 말이다. 어느덧 편리한 믿음 생활에 길들여진 오늘의 우리에게 마가는 다시금 광야를 가리키며 말하고 있다.

"불편하고 외롭고 슬픈 그곳에서 다시 하나님을 만나라."

아드 폰테스

뭇 사람이 그의 교훈에 놀라니
이는 그 가르치시는 것이 권세 있는 자와 같고
서기관들과 같지 아니함일러라(막1:22)
다 놀라 서로 물어 가로되
이는 어찜이뇨 권세 있는 새 교훈이로다
더러운 귀신들을 명한즉 순종하는도다 하더라(막1:27)

고대 중국 춘추전국시대의 사상가였던 한비자의 책에 이런 이야기가 담겨 있다.

정나라 사람이 신발을 사려고 했다. 그는 먼저 자신의 발을 재어 종이에 기록해 두었으나 깜빡 잊고 장에 갔다. 시장에 도착해 그는 신발 장수에게 이렇게 말했다.

"신발 칫수를 적어 둔 것을 집에 놓고 왔으니 돌아가서 그것을 가지고 오겠소."

집으로 돌아가 종이를 갖고 다시 장으로 갔는데 장마당이 이미 끝나버린 뒤였다. 어떤 사람이 물었다.

"여보시오. 그냥 신발을 직접 신어 봤으면 될 것 아니요?"

그가 말했다.

"칫수를 적은 종이는 믿을 수 있어도 내 발은 믿을 수가 없소."

단순한 이치를 복잡하게 생각하고 융통성 없이 행동하며 괜한 틀에 얽매어 자기에게 이로운 방향으로 생각하고 행동하는 사람들을 빗대어 한 말이다.

마가복음은 예수의 공생애의 기록으로 곧바로 시작하고 있는데 예수께서 안식일을 맞아 제자들과 함께 가버나움이란 곳에 있는 회당으로 가서 설교를 하셨다. 새로운 청년 랍비가 유명하다 하니까 한번 강단에 세웠던 모양이다. 그런데 설교를 듣고 난 사람들의 반응이 의외였다. 은혜를 받았다든가 좋았다는 것이 아니라 놀랍다는 것이었다. 그런데 그 놀라운 이유가 서기관들의 말과 같지 않았기 때문이라고 했다. 무엇이 달랐기에 그랬던 것일까?

1970년 미국의회는 '직업안전보호법'이라는 것을 제정했다. 목표는 모든 직장인을 실행 가능한 한도까지 최대한 안전하게 보호하는 것이었다. 그 후 25년 간 4,000건이 넘는 세세한 규정을 만들었고 수십억 달러를 쏟아 부었다.

하지만 결과는 긍정적이지 않았다. 예를 들면 한번은 벽돌공장을 방문한 검사관이 방진마스크 아래로 튀어나온 공장직원의 수염을 보고 마스크가 얼굴에 딱 맞아야 한다는 규정을 어겼다고 지적했다. 공장에는 먼지가 심하지 않았고 유해물질도 없었고 수염이 있어도 마스크는 주변 먼지를 잘 걷어내고 있었지만 규정은 명확했고 상황에 따라 달리 적용되지 않았던 것이다. 모든 규칙은 이행되어야 하는 게 목적이라는 생각 때문에 근로자의 안전이라는 원래 목표가 가려진 것이다.

예수 당시 서기관들이 가르친 장로 유전과 전통이 그런 모양새였다. 예를 들면 안식일을 거룩하게 지키기 위해 1km 이상 걸으면 안되고 물건을 들면 안되고 양이 구덩이에 빠져 죽어도 건져내면 안되었다. 사람들은 안식일마다 회당에 나와서 이런 규칙들을 귀가 아프도록 들어야 했고 서기관들은 당시 유대 사회질서를 유지하기 위해 안식일 법을 철저히 강요하고 지키도록 통제했던 것이다. 지키지 못하면 엄청난 벌금을 먹이고 추방까지 했다. 그렇게 사람들을 얽어매고 통제했던 것이고 그것이 그들이 가진 권세이기도 했다.

그런 그들에게 예수께서 하신 다른 말씀은 무엇이었을까? 누가복음 8:1에 보자.

이 후에 예수께서 각 성과 촌에 두루 다니시며
하나님의 나라를 반포하시며 그 복음을 전하실새
열 두 제자가 함께 하였고

곧 하나님 나라였다. 무슨 의미인가?

라틴어로 '아드 폰테스(Ad Fontes)'라는 말이 있다. '기본(또는 근본)으로 돌아가자!' 는 뜻이다. 르네상스 시대 인문주의자들이 말하기 시작했는데 이는 시간의 흐름 속에 변질된 그리스 사상을 처음의 원전으로 돌리자는 뜻이었다. 마르틴 루터도 종교개혁 당시 성경으로 돌아가자고 외쳤다.

기업 경영에서도 이는 마찬가지이다. 세계적인 커피전문기업 스타벅스가 대표적인 예이다. 1971년에 창업되어 최전성기를 구가하던 회사가 2007년 최악의 위기에 빠졌었다. 그때 경영에 복귀한 하워드 슐츠가 혁신프로젝트를 가동하기 시작해서 스타벅스는 2010년도 매출 11조 원으

로 부활했고 2011년도에 'Fortune(포춘, 미국의 최장수 비즈니스잡지)'
에 CEO 1위로 그가 선정되기도 했다. 그가 내세운 건 무엇이었을까?
바로 '커피맛' 이라는 가장 중요한 기본으로 돌아가자는 메시지였다. 핵
심가치를 되살리자는 것이었다. 그의 혁신의 정신 바탕에는 '아드 폰테
스' 가 있었던 것이다.

누군가가 한 말이다.

원천에 가 닿기 위해서는 흐름을 거슬러 올라가야 한다.
흐름을 타고 내려가는 것은 쓰레기뿐이다.
연어가 종족을 보존하고 생명력을 유지하기 위해서
그가 태어난 원천으로 돌아가는 것처럼 해야 한다.

예수께서 말씀하신 '하나님 나라' 가 바로 그 '아드 폰테스' 였다. 그 말
씀을 하시자 그때까지 쓰레기 같이 오염된 그들의 영혼의 집에 불법으
로 자리 잡고 숨어있던 귀신들이 견딜 수 없었던 모양이다. 더러운 정체
를 드러냈고 쫓겨나가고 청소되었다. 그의 말씀이 그곳에 부어지자 피어
있던 곰팡이가 살균제를 맞은 것처럼 소멸되었던 것이다. 그것이 예수의
권세있는 새 교훈이었다.

교회마다 일 년에 한 번쯤은 그런 청소가 있었으면 좋겠다. 저항이 만만
치 않긴 하겠지만 말이다. 공동체 가운데 더러운 귀신이 버젓이 섞여 있

었다는 건 그들 공동체 곧 교회에 옛날 돼지 여물통에 썩은 것이 가라 앉아있듯 숨어 있었다는 뜻이고 그러는 동안 그에 익숙해져버린 공동체 는 인식하지 못하기 십상이고 그런데 예수께서 한번 휘저으시자 그 정 체가 드러난 가버나움 회당처럼 발칵 뒤집혀져야 하는 것이다. 그 장면 을 이어서 보자.

마침 저희 회당에 더러운 귀신 들린 사람이 있어 소리질러 가로되
나사렛 예수여 우리가 당신과 무슨 상관이 있나이까
우리를 멸하러 왔나이까
나는 당신이 누구인 줄 아노니
하나님의 거룩한 자니이다
예수께서 꾸짖어 가라사대
잠잠하고 그 사람에게서 나오라 하시니
더러운 귀신이 그 사람으로 경련을 일으키게 하고
큰 소리를 지르며 나오는지라
다 놀라 서로 물어 가로되 이는 어찜이뇨
권세 있는 새 교훈이로다
더러운 귀신들을 명한즉 순종하는도다 하더라
예수의 소문이 곧 온 갈릴리 사방에 퍼지더라(막1:23-28)

그렇게 되는 것이 '아드 폰테스(Ad Fontes)'이다. 그래야 하나님 나라가 그곳에 있다는 소문이 널리 퍼지는 교회가 된다.

원하시면 If you will

한 문둥병자가 예수께 와서
꿇어 엎드리어 간구하여 가로되
원하시면
저를 깨끗케 하실 수 있나이다(막1:40)

누군가가 어떤 모임에 나타나 "나 왔어!"하고 말하는 것과 "다들 여기 있었군!"하고 말하는 것은 다르다. 말하는 것에 따라 그가 상대방과의 관계를 어떻게 맺는 사람인가를 보여주기 때문이다. 칭찬은 고래를 춤추게 한다는 말은 상대방을 인정한다는 게 얼마나 중요한지를 강조하는 말이기에 일리가 있다. 그런 게 사람 사이의 일이다.

그런데 하나님과 사람 사이는 어떨까? 누군가가 하나님께 "나 왔어!"식으로 대한다면 하나님 기분이 어떠실까? 매우 언짢아하실 수밖에 없는 일이다. 예수께서 고향에 가셨을 때 그랬다. 거라사 지방에서도 그랬고 바리새인들과 서기관들에게서도 그랬다. 그들은 예수를 잘 믿으려 하지도 않았고 인정하려 하지도 않았다. 예수께서도 그런 그들에게 아무 것도 해주지 않으셨던 건 당연하다.

그런데 그 예수를 기쁘시게 한 사람이 있다. 한 문둥병자다. 그가 예수 앞에 나아와 엎드려 말했다.

"원하시면 저를 깨끗케 하실 수 있나이다."

이 말의 키 워드는 "원하시면(If you will)"이다. 쉽게 풀면 '맘만 먹으시면, 생각이 있으시면, 뜻이 있으시면'이라는 뜻이다.

그런데 예수께 이와는 다른 말을 한 사람이 있다. 귀신들린 아들 때문에 온 사람이었다. 그는 예수께 '무엇을 하실 수 있거든'이라고 말했다. 그러자 매우 언짢아지신 예수께서 '할 수 있거든이 무슨 말이냐'고 역정을 내셨고 '믿는 자에게는 능치 못할 일이 없느니라'며 나무라셨다.

그러자 그 사람 가볍기가 깃털 같았는지 곧바로 믿겠노라고 물러섰지만 그러면서도 그러니까 자신의 불신을 극복하도록, 다시 말해, 믿을 수 있도록 해주시면 될 것 아니냐고 주문했다.

그런데 그런 그에게 예수께서 어떻게 하셨을까? 바로 응답해 주셨다. 비록 '나 왔어!' 하는 식의 자기중심적인 믿음이었지만 '거기 계신 하나님'이란 절대적 믿음을 보인 문둥병자에게와 동일하게 차별을 두지 않고 응답해 주셨던 것이다.

무엇을 의미할까? 믿고 구하기만 하면 뭐든 다 들어 주신다는 말처럼 들리고 또 그렇게 믿고 싶어들 한다. 게다가 강단에서 얻지 못하는 것은 구하지 않기 때문이라고 일방적으로 강변하니까 듣는 입장에선 정말 그런 줄로 알고 될 때까지 작정기도도 하고 서원도 하고 금식도 한다.

그러나 말이다. 기도 응답에는 단 하나의 원칙이 있을 뿐임을 알자. 그것만 알면 왜 기도가 응답되기도 하고 거부되기도 하는지 고민할 필요가 없고 갈등하지 않아도 된다. 그 하나란 다름 아닌 '하나님이 원하시면(His will)'이다.

이 말을 뒤집어 보면 어떻게 될까? 하나님이 원하시지 않으면 아니라는 뜻이다. 곧 기도에 대한 거절 또한 하나님의 응답이라는 사실이다. 그 대표적인 예를 몇 가지만 보자.

하나는 거라사라는 곳에 있던 귀신들린 사람 이야기이다. 그는 군대만큼이나 많은 귀신에 잡혔었는데 예수께서 쫓아내주시자 멀쩡하게 되었다.

그러자 그가 예수께 요청했다.

"예수님과 함께 하기 원합니다."

그런데 예수께선 단번에 거절하셨다. 왜 그러셨을까? 원하지 않으셨기 때문이다. 그는 데가볼리 사람이었고 그에 관하여 잘 아는 사람들은 그의 고향인 그곳에 있었기 때문이다.

그들은 그가 귀신들렸었다는 소문을 익히 알고 있었을 것이다. 그런데 예수로 말미암아 귀신들림에서 벗어나 구원받은 것이다. 때문에 그가 그를 아는 사람들이 살고 있는 고향으로 가야 그 사실이 진실되게 받아들여지고 증거될 수 있었다. 인터넷도 없어 사실을 검색할 수도 없었던 그 시절 그의 과거를 잘 모르는 다른 지역 사람들이 그의 간증을 액면 그대로 받아들이기 어려울 수도 있었던 것이다.

그 장면을 보자.

허락지 아니하시고 저에게 이르시되
집으로 돌아가 주께서 네게 어떻게 큰일을 행하사
너를 불쌍히 여기신 것을
네 친속에게 고하라 하신대
그가 가서 예수께서 자기에게
어떻게 큰 일 행하신 것을 데가볼리에 전파하니

또 한 예는 사도 바울이다. 그는 하나님께 자기 육체의 가시를 거두어 주시기를 기도했다(고후 12:7-10). 부름받은 자신의 사역이 그 가시로 인해 방해를 받지 않게 하려고 말이다.

그러나 기도는 계속해서 거절되었다. 바로 그 가시가 은혜의 방편이었기 때문이다. 그 가시로 인해 바울은 영과 육을 주님께 맡겨 버렸다. 그 가시로 인해 말씀이 능력있게 선포되었고 사람들은 그 능력이 사람의 능력이 아닌 하나님의 능력임을 알게 되었던 것이다.

마지막 예는 예수께서 십자가를 앞에 두고 하신 기도이다.

기도하여 가라사대
내 아버지여 만일 할 만 하시거든
이 잔을 내게서 지나가게 하옵소서(마26:39)

그러나 하나님께선 침묵하심으로 거절하셨다. 아니었으면 갈보리언덕도 없었을 것이고 '다 이루었다(요 19:30)' 라는 외침도 없었을 것이다. 그 기도가 받아들여졌다면 절망에 빠진 가련한 영혼들은 '주 날 위해 버림 받으심으로 나 용서받고 용납됐네' 라는 찬양과 고백을 하지 못했을 것이고 예수가 이뤄놓은 하나님 나라를 얻을 수는 더더욱 없었을 것이다.

바로 그것이다. 하나님 나라. 하나님의 유일한 한 가지 계획과 목적은 하나님 나라의 회복에 있는 것이다. 그것을 위해서 때로는 긍정적인 응답으로, 또 때로는 고통스런 거절로, 또 때로는 헌신을 요구하심으로 응답하실 뿐이다. 그래서 예수께서 그 기도 말미엔 이렇게 말씀하신 것이다.

나의 원대로 마옵시고
아버지의 원대로(as your will) 하옵소서(마26:39)

아버지의 원하심이란 '복낙원' 곧 '하나님 나라의 회복' 그 하나이다. 그것을 위해 하나님께서 우리의 기도에 때로는 "yes(예)"로, 그리고 때로는 "no(아니요)"로 또 때로는 "wait(기다리라)"으로 응답하실 뿐이다.

그리고 예수께서 오늘 그 병자에게 말씀 하신 것은 "내가 원하노니" 깨끗함을 받으라는 "yes"였다. 그렇게 하나님 나라가 임한다는 것을 그에게와 그 일을 보고 전해 듣는 모든 사람들에게 말씀하시려는 예수의 뜻, 곧 원하심이었다.

절망에서 갈망으로

사람들이 한 중풍병자를
네 사람에게 메워 가지고 예수께로 올새
무리를 인하여 예수께 데려갈 수 없으므로
그 계신 곳의 지붕을 뜯어 구멍을 내고
중풍병자의 누운 상을 달아내리니(막2:3,4)

『나니아 연대기』의 저자로 유명한 C.S.루이스는 우리 인간은 다른 동물들과는 달리 고통을 특유의 방식으로 해석한다고 했다. 즉 우리는 고통 그 자체보다 왜 이런 고통이 나에게 닥치게 되었는지 도덕적인 맥락에서 고통의 타당성을 판단한다는 것이다. 그러면서 '고통은 도덕에 귀먹은 세상을 불러 깨우시는 하나님의 메가폰이다' 라고 했다.

사람들이 문둥병자가 치료되었다는 소문을 듣고 예수가 계신 가버나움의 한 집으로 몰려들었다. 그런데 너무 많이 와 문 앞이 막혀 집 안으로 들어갈 수가 없자 들것에 한 중풍병자를 싣고 온 어떤 사람들이 지붕으로 올라가 구멍을 내고는 그 병자를 예수 앞에 내려놓았다. 이에 예수께서 그들의 믿음을 보시고 그를 고쳐주셨다는 이야기를 마가는 기록하고 있다.(막2:1-12)

그런데 이 이야기에 드는 의문점이 하나 있다. 수많은 사람들이 크고 작은 질병과 고통으로 찾아왔던 그날, 마가는 왜 그 사람의 이야기만 기록해 놓았을까 하는 점이다.

그 집에 모여들었던 많은 다른 사람들은 그저 배경화면이었을 뿐일까? 그럴 리가 없다. 예수께선 목마른 사슴이 물을 찾듯이 갈급한 심정으로 당신을 찾아오는 모두를 맞이해주는 분이시고 그래서 다 치료해주셨을 것이기 때문이다.

마가의 의도는 분명하다. 절망과 갈망을 말하려는 것이다. 다만 절망 가운데 예수께 나아온 모든 사람들 가운데 특별히 이 사람의 예를 들어 그걸 말하고 싶었던 게다.

중풍이란 뇌혈관질환으로 마비환자이다. 당시 문둥병과 마찬가지로 치료 불가능한 병이었고 따라서 인생의 모든 희망도 마비된 사람이었다. 숨만 쉬고 있을 뿐 관 속에 들어 있는 것과 다름없는 시체 같은 그런 사람 말이다.

그런 사람에게 무슨 희망이 있을까? 스스로도 숱한 질문들을 했을 게다. 이게 뭐지? 인생이란 게 이런 거야? 도대체 답이 뭐지? 그렇게 되면 생각하게 되는 게 있다. 뭘까? 자살이다. 차라리 죽자. 그러면 모든 고통도 끝나는 거다. 죽음만이 고통으로부터의 해방이고 희망이다. 무신론자였던 니체의 주장도 그랬다.

'죽음은 궁극적으로 완전한 해방을 의미한다.'

같은 계열인 사르트르 또한 다르지 않았다. 그들의 논리대로라면 죽음은 절망의 상태에서 인간을 구원해주기 때문에 사실상 죽음은 만병통치약이 된다. 때문에 살아있는 것이 더 큰 불행이다. 그럼에도 불구하고 사르트르는 말년에 병이 들어 죽을 지경에 이르렀으나 자살하지 않고 그 구차한 이유를 이렇게 말했다.

"자살이란 행동은 자유를 빼앗는 일에 자유를 사용하는 것이 되므로 나는 자살할 수 없다."

죽기 싫다는 것이고 죽기 전 병실에서 그가 보였던 실망스런 행동들이 그것을 말해준다. 곧 죽음이 인생의 해답이 아니란 걸 스스로 보여준 셈이다. 그러나 그럼에도 불구하고 삶은 이어져가고 있어 어쩔 수 없이 그런 상황에 순응해야만 한다면 어떻게 해야 하는 걸까? 고통의 '이유'를 알 수 있다면 인생이 그다지 힘들지 않을 수도 있기에 하는 말이다.

루게릭병(근위축증)을 앓고 있는 영국의 천재 물리학자 스티븐 호킹은 오늘 마가가 기록한 중풍병자보다 더 어려운 형편의 사람이다. 그런 그가 자신의 가장 유명한 저서인 '시간의 역사'에서 우주의 생성 기원을 밝히면서 이런 말을 했다.

"이제 우주의 존재 이유만 알아낸다면 우리는 하나님의 마음을 알게 될 것이다."

그는 우주의 존재 이유와 자신의 존재 이유가 동일하게 직결되어 있음을 말하고 싶었던 모양이다. 이에 병들었지만 우리가 여전히 살고 존재해야 할 이유에 대해 오늘 마가복음이 그 답을 주고 있는 것이다.

먼저 그날 중풍병자를 비롯한 수많은 사람들이 찾아 간 그곳을 생각해 보자. 그곳은 예수가 계신 곳이다. 죄의 삯인 질병과 고통을 제거하려고 오신 예수가 계신 하나님 나라였던 것이다. 예수께서 말씀하신 바 있다.

그러나 내가 만일 하나님의 손을 힘입어 귀신을 쫓아내는 것이면
하나님의 나라가 이미 너희에게 임하였느니라(눅11:20)

구원이란 궁극적으로 하나님 나라의 회복이다. 우리 입장에선 그 나라에 다시 들어가는 것이 구원의 완성이다. 31개월 간이나 북한에 억류되었다가 풀려나 캐나다로 돌아 간 임현수 목사처럼 말이다. 그래서 그 나라의 시민권을 회복하는 것, 그것이 우리의 희망이고 갈망이며 지금의 고통을 견뎌내야 할 이유인 것이다.

처음부터 우리는 그의 나라에서 영원토록 태초의 에덴동산에서처럼 창조주와 함께 살도록 지음받은 존재이기 때문에 그런 것이다. 그것이 우주의 존재 이유이고 하나님의 마음이다.

그렇기 때문에 우린 가버나움의 사람들처럼 그 나라의 왕이신 예수께 갈급한 마음으로 나아가야 한다. 때에 따라선 지붕을 뚫고서라도 말이다. 그리하면 누웠던 침상을 들고 일어서게 된다. 다윗 또한 그랬던 경험이 있고 그래서 이렇게 기도했다.

하나님이여
사슴이 시냇물을 찾기에 갈급함같이
내 영혼이 주를 찾기에 갈급하니이다
내 영혼이 하나님
곧 생존하시는 하나님을 갈망하나니
내가 어느 때에 나아가서 하나님 앞에 뵈올꼬
사람들이 종일 나더러 하는 말이
네 하나님이 어디 있느뇨 하니

내 눈물이 주야로 내 음식이 되었도다
내가 전에 성일을 지키는 무리와 동행하여
기쁨과 찬송의 소리를 발하며
저희를 하나님의 집으로 인도하였더니
이제 이 일을 기억하고 내 마음이 상하는도다
내 영혼아 네가 어찌하여 낙망하며
어찌하여 내 속에서 불안하여 하는고
너는 하나님을 바라라
그 얼굴의 도우심을 인하여
내가 오히려 찬송하리로다(시42:1-5)

저가 뉘기에

저희가 심히 두려워하여 서로 말하되
저가 뉘기에
바람과 바다라도 순종하는고 하였더라(막4:41)

교회 개척 초기 어느 날, 조금은 먼 거리에 있는 한 교인의 사업장에 심방을 마치고 돌아오던 길이었다. 꽤 긴 지하 터널을 지나고 있었는데 몰고 있던 고물 봉고차가 갑자기 기어가 들어가지 않고 변속이 되질 않았다. 아무리 클러치를 밟아도 소용이 없었고 속도는 차츰 떨어지고...

갑자기 겁이 났고 과연 무사히 이 터널을 빠져나갈 수 있을까 싶었는데 뒤따르는 차들은 나를 향해 무섭게 돌진해오고 있는 게 백미러로 보였다. 그래서 비상등을 켜고 터널을 빠져나오는 동안 얼마나 가슴을 졸였는지 모른다.

겨우 터널을 나와 길가에 차를 세우곤 두리번거리며 카센터를 찾았는데 마침 길 건너편에 한 곳이 보여서 견인차를 불러 차를 입고시켰다. 그리고 한숨을 내쉬며 겨우 진정하고 아까 차를 세웠던 곳을 건너다 봤더니 바로 그 옆에 카센터가 있었다. 두려웠던 그 순간 너무 당황해서 아무 것도 보이질 않았던 것이다. 어찌 되었건 터널을 빠져나온 것만도 주님이 함께하신 은혜란 생각에 감사하였다.

덴마크의 철학자 키르케고르의 말이다.

"인생이란 본래 앞으로 나아가야 하는 것이지만 우리는 뒤를 돌아보고서야 비로소 그 사실을 깨닫는다."

오늘 마가복음 4장에 나오는 제자들의 모습 또한 그렇다. 한 밤 중 배를 타고 갈릴리 바다를 건너는데 풍랑이 몹시 일어 배에 물이 차고 있었다. 그곳에서 평생을 살아온 베테랑 어부들인 그들조차도 어찌할 바를 모르고 우왕좌왕하고 있는데 예수께서는 베개를 베고는 평안히 누워 주무시고 계셨다. 이에 제자들이 예수를 깨우며 모두가 죽게 생겼는데 잠만 자고 계시냐며 힐난하듯이 말했다.

이런 제자들의 태도, 나무랄 수 있을까? 그들은 아직까지는 그들과 함께 배에 타고 있는 예수가 누군지 몰랐기에 하는 말이다. 그들이 했던 말을 보면 알 수 있다.

"저가 뉘기에..."

그런데 이런 그들의 모습에서 대조적으로 떠오르는 인물이 하나 있다. 노아다. 그 또한 풍랑을 만났다. 그것도 창세 이래 한번도 보지 못한 전무후무한 규모의 홍수. 모든 산이 물이 잠기고 모든 살아있던 사람들과 생물들도 모습이 다 사라진 그런 홍수였다. 40일이 넘게 하늘의 물이 쏟아지고 지진이 나 땅 속 물이 솟구치는 홍수였다.

오늘 날 빙하가 녹아 바다에 물이 많아지자 파도가 커지고 방파제고 뭐고 다 집어삼켜지는 걸 생각해 보면 그 큰 홍수 속에 있었던 노아의 방주는 얼마나 아찔했을까 상상이 안간다.

그런데 노아의 홍수 기사에서 우리는 그가 두려워했다는 기록을 볼 수가 없다. 천지개벽이 일어나는 그 혼돈 가운데서 새로운 세계가 열리며 질서를 잡아가는 소란 속에서도 그는 평안하다. 이유는 단 하나, 그 모든 일이 하나님이 하시는 일이라는 것과 하나님께서 그와 함께 하심을 알고 있었기 때문이었다. 때문에 바깥은 온통 소란스러웠으나 방주 안은 평온했다. 사실 노아의 방주는 홍수를 이기도록 하나님이 설계하셨고 그렇게 만들어진 그 방주에 노아와 함께 계셨던 것이다.

나와 함께 하시는 이가 하나님이심을 안다는 게 얼마나 큰 믿음의 은총인가? 제자들은 그들이 타고 있는 작은 쪽배에 함께하고 있는 왜소한 모습의 예수가 하나님이신 걸 미처 알지 못했던 모양이다.

그저 병을 잘 고치는, 자신들보다 조금은 더 능력 있고 지혜로운 신비한 도사 정도로 알았던 모양이고 그래서 그들이 타고 있는 배를 뒤집을 만한 자연의 위력 앞에선 어쩔 수 없을 거라고 생각을 했던 모양이다. 그래서 그들처럼 배에 찬 물을 함께 좀 퍼내야 되는 게 아니냐고 항변했던 모양이다. 죽을 것만 같은 두려움 앞에서 아무것도 보이질 않고 생각도 없고 그나마 갖고있던 예수에 대한 작은 믿음조차도 마비되어버린 것이다. 아니, 설마 했을지도 모를 일이다.

그런 그들에게 예수께서 보이신 모습은 무엇인가?

예수께서 깨어 바람을 꾸짖으시며
바다더러 이르시되
잠잠하라 고요하라 하시니
바람이 그치고 아주 잔잔하여지더라
이에 제자들에게 이르시되
어찌하여 이렇게 무서워하느냐
너희가 어찌 믿음이 없느냐 하시니
저희가 심히 두려워하여 서로 말하되
저가 뉘기에

예수는 자연을 지으시고 다스리시는 권세자 하나님이셨다. 노아의 홍수를 일으키시고 그것을 함께 건너신 섭리자 하나님이셨다. 그 하나님이 그들과 함께 풍랑이 이는 배에 계셨던 것이다. 그가 함께하시는 그들은 노아처럼 죽음의 풍랑이 와도 두려워할 필요가 없었다.

가이드포스트의 설립자 노만 비센트 필 박사가 유럽을 방문했을 때의 이야기이다. 벨기에의 안트워프와 브루셀 중간에 있는 나치수용소를 갔는데 그를 안내하던 사람이 말하길 나치가 그의 아버지를 체포해가던 날 아침을 잊을 수가 없다고 했고 그 수용소가 바로 그의 아버지가 끌려가 총살된 곳이라고 했다.

이에 필이 그에게 '여기 수용되어 있던 사람들이 어떻게 그 두려움을 견디며 밤과 낮을 지낼 수 있었느냐'고 물었다. 그러자 그 안내인이 '그들에겐 비밀이 있었다'고 말하며 그를 돌로 된 벽의 한 틈새로 안내하고는 손을 집어넣어 무엇이 만져지는지 보라고 했다. 필이 손을 넣어 만져보니 돌로 된 석상인데 얼굴인 것 같았다. 그러자 안내인이 말했다.

"바로 우리의 구원자 예수 그리스도의 석상입니다. 남자건 여자건 이곳에 있던 사람들은 소망을 잃거나 너무 어둡고 힘든 시간이 올 때면 이곳으로 와 그 거룩하신 분의 얼굴에 손을 얹으며 두려움을 이기고 견디며 승리하기까지 버틸 수 있었습니다."

우리의 삶의 배가 전복될 것만 같은 두려움의 때일지라도 예수께서 우리와 함께 계심을 알자. 그는 노아의 하나님이셨고 갈릴리의 풍랑이는 밤바다의 바람을 잠잠케 하신 제자들의 하나님이셨다.

포기 시점에서

내가 그 옷에만 손을 대어도
구원을 얻으리라(막5:28)

어느 시골 마을에 샘이 하나 있었다. 많은 사람들이 그 맑은 물에 감탄하면서 갈증을 해소하기 위해 그곳을 찾았다. 그러던 어느 날 한 사람이 행운을 붙잡았다. 꿇어 엎드려 물을 마시던 중 남들이 보지 못한 것을 보았던 것이다. 물 밑에 반짝이는 금 덩어리가 있었고 그는 손을 내밀어 그것을 붙잡았다.

예수를 믿는다는 것은 그와 같다. 누군 샘물 맛만 보는데 그치지만 누군 보물까지 얻는다. 예수는 의의 갈증을 채워주는 윤리교사에 머물지 않는다. 그분 안에는 하나님의 신성이 있기 때문이다. 금광 같은 신적 능력이 있으며 그로 인한 기적이 있다. 오랜 세월 만성 혈루병으로 고생하던 한 여인이 그걸 체험했다. 이 여인에 관한 사건은 마태, 마가, 누가복음 등 세 개의 공관 복음에 전부 기록되어 있다는 사실 외에도 역사적 전승이 여인의 실제를 전하고 있다.

4세기 중반까지만 해도 가나안 헬몬산 근처에 위치한 가이사랴 파네아스(베드로가 '주는 그리스도시요 살아계신 하나님의 아들이시니이다'라고 신앙 고백했던 장소)에 있는 한 집에 가면 안마당에 두 개의 청동상을 볼 수가 있었는데 그것은 서있는 한 남자와 그 발 아래 꿇어 엎드린 여인의 모습이었다는 것이다. 그 집은 오늘 성경에 나오는 혈루병에서 고침받은 여자가 거처했던 집이었고 그 동상들은 그 여인이 주님의 치료의 은혜를 잊지 못해 세워놓은 것이라고 했다. 그러나 그 동상들은 그 후 배교자였던 로마황제 율리아누스(콘스탄티누스의 조카)에 의해 파괴되었다고 전해진다.

포기시점이라는 것이 있다. 육체적으로나 정신적으로나 고통이 어느 한계에 이르면 몸의 모든 기관들도 작동을 늦추기 시작하게 되는 시점을 말한다. 누구에게나 다가올 수 있다. 이 여인 또한 그런 시점에 이르러 있었을 가능성이 있다. 모든 치료가 소용이 없었기 때문이다. 그러던 차에 예수의 소문을 들었다. 더러운 귀신들을 쫓아내신 이야기를 비롯한 숱한 기적과 치유의 소문 말이다. 그래서 이 여인 '예수의 소문을 듣고 무리 가운데 섞여 뒤로 왔다.' 조금 전까지만 해도 포기시점에 있었으나 지금은 예수께로 왔다는 것이다. 그 이유를 이렇게 말한다.

내가 그 옷에만 손을 대어도 구원을 얻으리라(막5:28)

예수의 산상수훈을 팔복이라고 말하고 영어로는 'Beatitude'라고 한다. 지복(至福), 곧 더없는 행복이란 뜻이다. 그런데 이 단어는 be(존재)와 attitude(태도)의 합성어이다. '삶에 대한 태도가 지극히 복된 사람이 되게 한다'는 의미이다. 곧 삶의 태도로 복된 자가 될 수도 있고 불행한 자가 될 수도 있다는 뜻이다. '심령이 가난한 자는 복이 있나니', '애통하는 자는 복이 있나니', '나를 인하여 핍박을 받는 자는 복이 있나니' 등 예수로 인한 삶의 태도의 변화 그것이 복의 시작이 된다는 뜻이다. 그렇게 그녀에게 복이 시작되었고 기적이 시작되었다.

내가 그 옷에만 손을 대어도 구원을 얻으리라(막5:28)

그렇게 그녀에게 예수께 나아갈 용기가 생겼다. 그러나 그것이 그녀에게 얼마나 힘든 일이었는지 예수의 정면이 아닌 뒤로 나아갔다. 왜 그랬을까? 부정한 여인이라는 율법적 자각 때문이었다. 내가 부정하다는 자각이 예수께로 나감을 막는다. 또한 병 치료를 위해 시도했던 모든 일도 실패했다. 긍정적 경험이 없었다. 그것이 믿음에까지 영향을 준다. 그러나 이 여인은 그 모든 것을 이기고 예수께 나아갔다.

그러나 그게 다가 아니다. 주님을 스치는 것과 만지는 것은 다르기 때문이다. 샘물만 마심과 금덩어리를 잡음이 다른 만큼이나 다르다.

예수께 가까이 나온 사람들은 많았다. 대부분의 사람들이 그랬다. 그러나 그들 대부분은 예수 곁의 무리로 만족했다. 참여 무리로 만족하고 방관적 구경꾼으로 만족했다는 뜻이다. 그렇게 스치는 정도만으로 만족하고 있었다. 이유는 예수와의 접촉에 대한 간절함이 없었기 때문이다.

그러나 이 여인은 '내가 그의 옷에만 손을 대어도 구원을 얻으리라' 는 간절함이 있었다. 그래서 만졌다. 그러자 예수로부터 능력이 흘러나왔고 그녀의 모든 문제가 해결되었다. 혈루가 근원부터 끊어진 것이다. 이에 예수께서 그녀를 보고 말씀하셨다.

"딸아 네 믿음이 너를 구원하였으니 평안히 가라 네 병에서 놓여 건강할지어다"

그래서 그녀는 그 일이 고마워 간증하는 마음으로 가이사랴에 있는 그녀의 집으로 돌아가 집 안마당에 예수와 그 앞에 엎드린 자신의 모습으로 동상을 세웠던 모양이다. 포기 시점에 이르렀지만 예수 앞에 그렇게 엎드릴 수 있었음이 그녀가 하나님 나라 샘물의 금을 건지는 행운이 되었던 것이다. 이 여인 이야기에서 생각나는 노래가 있어 불러 본다.

왜 나만 겪는 고난이냐고 불평하지 마세요
고난의 뒤편에 있는 주님이 주실 축복
미리 보면서 감사하세요

왜 이런 슬픔 찾아 왔는지 원망하지 마세요
당신이 잃은 것보다 주님께 받은 은혜
더욱 많음에 감사하세요

너무 견디기 힘든 지금 이 순간에도
주님이 일하고 계시잖아요
남들은 지쳐 앉아 있을지라도
당신만은 일어서세요

힘을 내세요 힘을 내세요
주님이 손잡고 계시잖아요
주님이 나와 함께 함을 믿는다면
어떤 역경도 이길 수 있잖아요
주님이 나와 함께 함을 믿는다면
어떤 고난도 견딜 수 있잖아요

달리다굼

예수께서 그 아이의 손을 잡고 가라사대
달리다굼 하시니 번역하면 곧
소녀야 내가 네게 말하노니 일어나라 하심이라(막5:41)

독일의 동화이다.

죽음의 천사와 잠의 천사가 함께 세상을 돌아다니다가 저녁이 다가오자 어느 마을 가까이 언덕에 잠자리를 정했다. 멀리서 날이 저무는 것을 알리는 종소리가 들려오고 이윽고 그 소리가 멈추자 깊은 침묵과 함께 밤이 마을을 덮기 시작했다. 그러자 잠의 천사가 이끼로 만든 침대에서 일어나 언덕 위로 올라가 눈에 보이지 않는 잠의 씨를 공중에 조용히 뿌렸고 저녁바람이 소리없이 그것들을 피곤한 사람들의 집 위에 실어 날랐다. 흔들의자에 앉아있는 할아버지나 요람에서 쉬고 있는 아기나 모든 사람들은 잠이 들었다. 아픈 사람은 아픔을 잊었고 고통을 받는 사람은 괴로움을 잊었다. 배고파 울던 아이들도 허기를 잊고 잠이 들었다. 그렇게 모든 이들의 눈이 감겨졌다. 그러자 잠의 천사가 말했다.

"아침 해가 떠오르면 사람들은 나를 은인이고 친구라고 할 거야. 이것이 얼마나 기쁜 일인지, 그리고 내가 얼마나 아름다운 일에 부름받은 것인지 모르겠어."

그러자 죽음의 천사가 어두운 표정으로 눈물을 흘리며 말했다.

"너는 좋겠다. 사람들은 죽음을 원수라고 여기고 그래서 죽음의 천사인 나를 환영하지 않아."

그러자 잠의 천사가 말했다.

"아니야 언니, 언젠가 부활의 아침이 와서 모든 이가 깨어나면 축복받은 영혼들은 언니가 그들의 은인이었음을 알게 될 거야."

밤이 오면 잠들고 아침이 오면 깨어나듯이 인생의 밤이 오면 모두가 눈을 감지만 언젠가 부활의 아침이 오면 잠자던 무덤에서 깨어 일어날 것이란 의미를 담은 이야기이다.

예수께서 죽은 자를 살리신 이야기가 성경엔 세 번 나온다. 나인 성 과부의 아들, 예수의 친구 나사로, 그리고 본문에 나오는 유대 회당장인 야이로의 딸. 그런데 이들 모두는 그 후 어떻게 되었을지 궁금해진다. 틀림없이 언젠가는 모두 죽었을 것이다. 그럼에도 불구하고 성경이 이들의 한시적인 부활을 굳이 기록해놓은 이유는 뭘까? 그것은 생명을 소생케 하시는 예수의 능력을 말하고자 함이다. 그렇게 영원까지 확장시키는 능력 말이다.

야이로의 딸의 죽음과 소생의 과정에서 나타난 의문점을 보면 쉽게 이해가 된다. 그 의문이란 야이로의 부탁을 받은 예수의 지체하심이다.

응급환자에겐 골든타임이란 게 있다. 늦으면 회복 불능으로 결국 죽고 만다. 그래서 응급환자를 태운 앰뷸런스가 신호를 울리며 다가오면 도로 위의 모든 차들이 길을 비켜준다. 그렇게 야이로의 딸이 죽어가고 있던 그 비상 시점에 예수께선 가던 길을 멈추고 그 상황을 비집고 들어온 한 혈루증 여인을 고쳐 주셨다. 그렇게 시간이 지체되었고 결국 야이로의 딸은 죽고 말았다. 그러자 야이로의 집에서 사람들이 달려와 말하기를 "다 끝났다!"고 했다. 이제는 예수가 오셔도 소용이 없다는 것이었다.

그런 상황에서 야이로의 마음은 어떠했을까? 모든 희망이 무너져 가슴이 내려앉았을 것이고 급한 발걸음을 방해한 그 여인도, 지체한 예수도 원망스러웠을 것이다. 그런데 예수께선 그런 그에게 한가한 것처럼 말씀하셨다.

"죽은 게 아니라 자는 것이다. 믿기만 하라."

사람들은 당장의 시간 또는 타이밍을 문제의 핵심으로 보지만 예수께선 믿음을 문제의 핵심으로 보신다. 그는 창조주이시고 시간 또한 피조물일 뿐이다. 물질이 생김으로써 비로소 시간이 생긴 것이기 때문이다.

그렇게 그는 시간 위에 계신 분이시다. 때문에 시간이 문제가 아니라 그 시간을 지으신 이에 대한 믿음이 먼저이다.

그렇게 야이로의 집에 도착하신 예수께서 죽어 잠든 야이로의 딸에게 말씀하셨다.

"달리다굼"

이 말은 아침이 되어도 아직 잠을 깨지 못하고 침대에 누워있는 귀여운 딸을 일어나라고 깨우는 그 당시의 엄마들의 말이었다.

"얘야, 그만 일어나거라."
마가복음에 기록된 그 다음 장면이다.

(예수께서)그 아이의 손을 잡고 가라사대 달리다굼 하시니
번역하면 곧 소녀야 내가 네게 말하노니 일어나라 하심이라

소녀가 곧 일어나서 걸으니 나이 열두 살이라
사람들이 곧 크게 놀라고 놀라거늘
예수께서 이 일을 아무도 알지 못하게 하라고
저희를 많이 경계하시고
이에 소녀에게 먹을 것을 주라 하시니라(막5:41~43)

소녀에게 먹을 것을 주라는 이 말씀, 야이로에게 그가 해야 할 일을 하라는 말씀이다. 우리는 좀 늦더라도 예수께서 우리의 기도를 들으심을 믿고 기다리기만 하면 되고 기다림 뒤에 생길 일을 준비하기만 하면 된다. 이 세상에 살면서 자는 것과 깨는 것은 예수 안에서의 죽음과 부활과 같은 이야기이기 때문이다. 부활의 아침이 오면 악인이나 의인이나 모두 깨어나지만 악인은 영벌의 부활로 의인은 영생의 부활로 깨어나는 것이 다를 뿐이다.

예수께서 축복받은 영혼들인 믿는 자들에게 여전히 이렇게 말씀하고 계신다.

"달리다굼!"

익숙함의 위험성

놀라 가로되
이 사람이 어디서 이런 것을 얻었느뇨
이 사람의 받은 지혜와 그 손으로 이루어지는
이런 권능이 어찌됨이뇨(막6:2)

해마다 수많은 사람들이 몰려드는 설악산이지만 그 근처에 사는 사람 중에 평생 한번도 올라가 본 적이 없는 경우도 있다. 늘 봐오던 산이라서 그런 것이다. 한 번쯤은 올라가 볼 만한 가치가 있는 뛰어난 명산임에도 그렇게 되는 것은 사람에겐 가치가 가치로 여겨지지 않는 심리가 있기 때문이고 그걸 일러 '익숙함의 위험성' 이라고 한다.

예수의 고향 사람들이 그랬다. 예수는 어려서부터 늘 봐오던 동네 청년이었다. 그런데 언젠가 집을 나가더니 얼마 후 돌아왔는데 완전히 다른 사람이 되어 있었다. 고향 사람들은 이게 어찌 된 일인가 싶었다. 기록을 보자.

예수께서 거기를 떠나사 고향으로 가시니 제자들도 좇으니라
안식일이 되어 회당에서 가르치시니 많은 사람이 듣고 놀라 가로되
이 사람이 어디서 이런 것을 얻었느뇨
이 사람의 받은 지혜와 그 손으로 이루어지는
이런 권능이 어찌됨이뇨(막6:2)

그들은 달라진 예수를 보고 놀랐고 궁금하기도 했다. 한 무리의 제자들을 거느리고 왔고 신적 능력으로 이적과 기적을 행한다는 놀라운 소문들도 들었고 더러는 예수가 '오실 그이' 곧 '그들을 구원할 메시아' 라는 라는 말도 들었지만 그건 동네 밖의 사람들의 이야기일 뿐 액면 그대로 받아들이고 싶지 않았다. 오히려 예수를 적대적으로 대했다. 이어지는 구절을 보자.

이 사람이 마리아의 아들 목수가 아니냐
야고보와 요셉과 유다와 시몬의 형제가 아니냐
그 누이들이 우리와 함께 여기 있지 아니하냐 하고
예수를 배척한지라(막6:3)

남상훈 교수는 『나는 왜 사람이 힘든가』라는 책에서 이런 이야기를 했다.

얼마 전 중국의 어느 대학교 MBA 프로그램에서 강의를 할 기회가 있었다. 중국 학생들이 다른 나라 사람들에게 가진 이미지에 대해서 토론하

는 시간이었다.

"한국 사람 하면 어떤 이미지가 떠오르나요?"

이런 질문을 던졌더니 한 학생이 손을 들고 말했다.

"한국 여자들은 거의 모두 성형수술을 받았다고 하던데 그게 사실입니까?"

아무리 대한민국의 성형 기술이 발전했고 성형이 보편화되어 있다고 해도 어떻게 중국 남학생이 '한국 여자들은 모두 성형수술을 받았다' 라는 단정적인 생각까지 하게 되었을까.

이처럼 '한국 여자들은 어떻다' 라는 식으로 단편적인 사실을 보편화시켜서 판단하는 것을 '스테레오타이핑(stereotyping, 유형화)' 이라고 한다. 사람마다 갖고 있는 독특한 특성을 무시하고, 그 사람의 인종, 나라, 성별, 직업, 나이, 학벌, 출신지 같은 특성을 무차별적으로 적용해서 '흑인은 다 그렇다', '여자들은 다 그렇다' 하는 식으로 판단하는 경우가 바로 스테레오타이핑, 즉 고정관념이다. 특히 사람들은 자신과 다른 그룹에 속한 사람들에 대해 이런 고정관념을 갖는 경우가 많고 이렇게 획일적인 판단을 하는 과정에서 상대방에 대해 잘못된 편견(prejudice)이 생겨난다.

특히 사람을 판단할 때 그 사람에 대해 내가 아는 몇 가지 특성만을 확대시키거나, 자신이 잘 몰랐던 부분을 알게 되더라도 누락시킨 후 판단한다. 결국 내가 보는 상대의 이미지는 있는 그대로의 이미지가 아니라 나만의 오감을 거치는 동안 편집된 이미지인 것이다.

남아프리카공화국에서 평생토록 흑인에 대한 차별에 항거해 싸우고 감옥에 30년 가까이 갇혔던 넬슨 만델라. 그는 훗날 남아프리카공화국 대통령으로 선출된 뒤 자신을 그렇게도 핍박했던 백인들을 감싸안음으로써 진정한 화합을 이루었고 그 공로로 노벨평화상까지 받았다. 그런데 그가 자신의 자서전에 쉽지 않은 고백을 했다.

어느 날 비행기를 탔는데 조종사가 백인이 아니라 흑인이라는 사실을 알고는 순간적으로 비행기가 추락이라도 하면 어쩌나 하는 두려움이 잠시 마음을 스쳐 지나갔다는 것이다. 그러고는 잠시 후에 흑인에 대한 인종차별에 맞서 평생 몸바쳐 싸웠던 자신의 마음 속에도 흑인에 대한 차별의식이 있다는 것을 깨닫고 놀랐다는 고백이었다.

예수의 고향 사람들이 그랬다. 예수의 신적인 능력과 모습에 놀라면서도 있는 그대로 받아들이지 않았다. 교수나 판검사도 아니고 기피 직종인 목수 출신의 예수, 그 형제와 누이가 지금 여기 살고 있는 별 볼 일 없는 집안의 사람일 뿐인, 말하자면 뭐 별거 아닌 인물이었던 것이다. 그들은 예수에 대해 그들이 아는 몇 가지 특성만을 확대시켰고 자신들이 잘 몰랐던 부분을 알게 되었지만 누락시킨 후 판단했던 것이다. 그들이 보는 예수의 이미지는 있는 그대로의 이미지가 아니라 그들만의 오감을 거치는 동안 편집된 이미지였다.

그것이 하나님의 아들이신 예수에 대한 고향 사람들의 태도였고 오늘날 그 예수를 믿는 우리를 향한 세상 사람들의 이미지의 출발점이기도 하다. 그런데 그들은 왜 그런 태도들을 가지려 하는 것일까? 하나님이 자신들의 삶에 관여하는 것을 좋아하지 않기 때문이다. 태초부터 그랬다. 선악과를 먹음으로 하나님의 간섭에서 벗어나 대등한 관계가 되고자 했던 아담과 하와(창3:1-7)에게서 출발한 그것이 가인에게로 이어진다. 창세기 4장 9절을 보자.

여호와께서 가인에게 이르시되
네 아우 아벨이 어디 있느냐
그가 가로되 내가 알지 못하나이다
내가 내 아우를 지키는 자니이까

간섭 말라는 뜻이다. 홍수 후, 노아 후손들의 바벨탑 또한 그런 것이고 (창11:4), 출애굽한 히브리인들이 만든 금송아지 또한 그런 것이었다(출

32:1). 하나님에 대한 이러한 적대적인 마음은 자연인의 특징이라는 것이 성경 말씀이다.

육에 속한 사람은 하나님의 성령의 일을 받지 아니하나니
저희에게는 미련하게 보임이요 또 깨닫지도 못하나니
이런 일은 영적으로라야 분변함이니라(고전2:14)

예수의 고향 사람들, 다른 동네 사람들이 예수께 나와 이적과 기적을 보고 구원과 치유의 은혜를 받고 있는 동안 그들은 그렇질 못했다. 믿음이 아닌 편견 때문이었다.

믿음이 있는 곳에 예수의 나라가 있는 것이고 편견이 있는 곳에 하나님 나라가 없는 것이다. 비록 그곳이 예수의 고향이라고 할지라도 말이다. 단 한번도 기적을 체험하지 못한 믿는 가정도 그렇고 교회도 그럴 수 있다는 뜻이다. 설악산 근처에 살면서 한번도 올라가 본 적이 없는 사람들처럼 그런 믿음에 너무 익숙해 있기 때문에 그럴 수 있는 것이다.

헤로디아와의 관계부터

왕이 심히 근심하나 자기의 맹세한 것과
그 앉은 자들을 인하여
저를 거절할 수 없는지라 (막6:26)

파리의 한 노신사가 매일 점심 때가 되면 어김없이 에펠탑 안에 있는 레스토랑을 찾아가 식사를 하곤 했다. 한 달이 지나도록 매일 그 에펠탑 안에 있는 식당을 찾아오자 드디어 식당 주인이 노신사에게 말을 걸었다.

"손님은 우리 식당이 그렇게 좋으신가요?"

"아니요."

"그러면 손님께서는 에펠탑을 참으로 좋아하시는군요."

"나는 에펠탑을 아주 싫어하오."

"그런데 왜 매일 저희 식당에 오시죠?"

"에펠탑이 보이지 않는 식당은 여기 뿐이라서 그렇소."

노신사는 프랑스의 대표 소설가 모파상이었다. 그는 에펠탑을 아름다운 파리의 미관을 망치는 흉물이라며 혹평했고 죽을 때까지 싫어했다. 이처럼 프랑스는 모두가 좋다고 해도 싫다고 말할 줄 아는 개성 강한 사람들이 모인 국가이다. 그래서 프랑스를 '톨레랑스'의 나라라고 부르기도 한다. 톨레랑스란 '나와 다른 남을 그대로 인정하는 것' 즉, 관용을 뜻한다.

세례 요한을 감옥에 잡아넣은 헤롯왕에게 그런 관용이 있었던 모양이다. 그는 동생의 아내인 헤로디아를 빼앗아 자기 아내로 삼았는데 그런 그의 부도덕함에 대하여 아무도 말하지 않았다. 그러나 세례요한만은 왕의 부도덕성을 공개적으로 비난했다.

그럼에도 불구하고 헤롯은 그를 죽이지 않고 감옥에 가두어 두기만 했다. 그는 이 광야의 설교자를 싫어하지 않았고 오히려 본인의 잘못을 정죄하는 거룩한 자로 여기고 존경했다. 그리고 무엇보다도 이 선지자를 두려워했다. 때문에 그를 감옥에 가두어 둔 것은 자신과 요한에 대한 일종의 보호조치였던 것이다. 더 이상 자신이나 요한이나 여론에 노출시키지 않으려는 의도로 말이다. 아마도 언젠가는 기회를 봐서 풀어주려 했던 것 같다. 기록을 보자.

헤로디아가 요한을 원수로 여겨
죽이고자 하였으되 하지 못한 것은
헤롯이 요한을 의롭고 거룩한 사람으로 알고
두려워하여 보호하며
또 그의 말을 들을 때에
크게 번민을 느끼면서도
달게 들음이러라(막6:19,20)

그러나 그런 그의 의도가 헤로디아에 의해 무너지고 만다. 그의 생일을
맞아 연회를 베푼 자리에서 헤로디아가 그녀의 딸을 동원해 기회를 포착
해 헤롯을 궁지에 몰아넣었기 때문이다. 그 딸이 요즘 걸그룹 아이돌 마
냥 춤도 잘 추고 무척이나 예뻤던 모양이다. 춤을 추어 헤롯을 기쁘게 했
고 이에 헤롯이 그녀에게 나라의 절반이라도 주겠다 하며 무엇이든지 원
하는 것을 말하라고 맹세까지 했다. 이에 그 딸은 어미가 시키는 대로 요
한의 목을 달라했고 그 장면은 이렇다.

왕이 심히 근심하나 자기의 맹세한 것과
그 앉은 자들을 인하여 저를 거절할 수 없는지라
왕이 곧 시위병 하나를 보내어
요한의 머리를 가져 오라 명하니
그 사람이 나가 옥에서 요한을 목 베어
그 머리를 소반에 담아다가 여아에게 주니
여아가 이것을 그 어미에게 주니라(막6:26-28)

Catch-22 라는 말이 있다. '딜레마, 함정, 꼼짝할 수 없는'이란 뜻으로 쓰이는 말인데, 원래는 제2차 세계대전과 관련된 대표적인 반전 소설인 미국 작가 조지프 헬러의 『캐치-22』(1961)에서 나온 말이다. 제2차 세계대전 중 이탈리아에 주둔한 미 공군 폭격 비행대대에서 폭격기 조종사로 일했던 헬러의 경험담에 근거한 이야기다. 계속 늘어나는 출격 횟수 때문에 점점 죽음의 가능성이 커지면서 미칠 지경이 된 폭격기 조종사들은 전투 임무에서 면제되기를 바라는데 군법에서는 Catch-22가 바로 그 면제 조건에 관한 조항이었다(Catch에는 '항'이라는 뜻이 있다). 제22항은 군대를 퇴역하려면 미쳐야 한다는 조항이다. 그런데 자신이 미쳤다는 것을 알 정도면 그는 미친 사람일 리가 없다. 따라서 제대는 불가능하다. 이럴 수도 없고 저럴 수도 없는 딜레마인 것이다. 그런 상황 또는 상태를 가리켜 '더블 바인드(double bind, 이중구속)'라고도 한다.

남자들의 정신 세계엔 예쁜 여자를 보면 순간 모든 이성적 판단이 마비되는 그런 영역이 있다고 한다. 그래서 여자가 예쁘면 맘도 예쁜 줄 알고 성격도 착한 줄 알고 머리도 좋은 줄 알고 웬만한 잘못을 해도 잘못된 걸로 여기질 않으려 한다는 것이다. 몰라서 그랬을 거라는 둥, 원래 착한데 어쩌다 그런 것일 거라는 둥, 설마 저렇게 예쁜 여자가 그럴 수가 있겠느냐는 둥 하면서 말이다. 여자들은 그런 남자들의 속성을 본능적으로 잘 안다. 그래서 여자들이 보기에 남자들은 바보 같다. 여자를 보는 눈이 남자와 여자가 다른 것도 그래서이다. 헤롯은 그렇게 헤로디아가 놓은 덫에 걸려들었다. 예쁘다는 이유로 제수씨인 자신조차도 빼앗은 그의 바보 같음을 헤로디아는 너무나 잘 알고 있었던 것이다. 그래서 헤롯은 정신나간 사람처럼 예쁜 소녀에게 맹세부터 했던 것이고 그것이 그가 걸려든 첫 번째 덫이었다.

그가 걸려든 또 하나의 덫은 그날 모인 사람들이었다. 그는 '조명효과'의 덫에 걸린 것이다. 조명 효과란 연극 무대 위에서 조명을 받는 배우처럼 자신이 다른 사람들의 관심을 집중적으로 받고 있다고 생각하는 현상을 말한다. 실제로는 전혀 그렇지 않은데 다른 사람이 자신의 외모와 행동을 주시하고 있어 사소한 변화도 다른 사람들이 알아차릴 것이라고 생각하는 것이다.

그것은 자기중심주의에서 비롯된다. 미국 스탠퍼드 경영대학원 교수인 칩 히스는 조명 효과를 '눈에 보이는 것을 전부라고 믿는 속성'으로 정의한다.

"무대를 비추는 스포트라이트가 어떻게 사람들의 주의를 집중시키는지 생각해 보라. 스포트라이트를 받는 부분이 얼마나 부각되는지를. 스포트라이트가 비추는 부분만 보고 바람직한 결정을 내릴 수 있는 경우는 거의 없다. 그러나 우리는 스포트라이트를 움직여볼 생각조차 하지 않는 경우가 많다. 사실 때로는 스포트라이트 자체를 잊는다. 작고 동그란 불빛 안에 너무 오래 머물다가 그 바깥에 더 많은 부분이 있다는 것을 망각하는 것이다."

그렇게 헤롯은 요한을 죽여야 하는 덫에 걸렸고 동시에 요한을 살리고자 하는 마음의 덫에 걸려 고민하는 이중구속에 걸려들었던 것이다. 결국은 요한의 목을 잘랐다. 사실 헤롯은 세례 요한의 목을 자를 것이 아니라 헤로디아와의 관계를 잘라야 했다. 그런데 그렇게 하지 못했다. 이유가 뭘까? 죄의 속성 때문이다. 그는 사탄의 나라의 법에 속해 있었던 것이다.

욕심이 잉태한즉 죄를 낳고 죄가 장성한 즉 사망을 낳느니라(약1:15)

헤롯은 그렇다 치고 우린 어떨까? 뭔가가 욕심이 나고 갖고 싶을 때면 나 자신이 어느 나라에 속한 사람인지 먼저 살펴 볼 일이다. 우선 내게 있는 헤로디아와의 관계부터 잘라야 한다. 그 다음으로 자기집중의 조명을 치우는 것이다. 그러면 헤롯처럼 후회할 일을 하지 않게 된다.

탄식하시며

예수께서 그 사람을 따로 데리고 무리를 떠나사
손가락을 그의 양 귀에 넣고 침 뱉아
그의 혀에 손을 대시며 하늘을 우러러 탄식하시며
그에게 이르시되 에바다 하시니 이는 열리라는 뜻이라
그의 귀가 열리고 혀의 맺힌 것이 곧 풀려
말이 분명하더라(막7:33-35)

어떤 사람이 보석상을 하는 친구의 가게에 갔다. 거기엔 화려한 다이아몬드를 비롯한 희귀한 보석들이 진열되어 있었다. 그런데 그 중에 조금도 빛이 나지 않는 보석 하나가 눈에 띄었는데 무척 비싼 값이 붙어있었다. 그래서 친구에게 조심스럽게 물어보았다.

"여보게, 저 보석은 하나도 빛나지 않고 아름답지도 않은데 왜저렇게 비싸지?"

그러자 친구는 미소를 지으면서 그 보석을 진열장에서 꺼내 손으로 꼭 쥐었다. 그리고 얼마 후 손을 펴 보이자 방금 전까지 아무 광채가 없던 그 돌이 눈부신 무지개 빛 광채를 내뿜으며 영롱한 자태를 뽐내고 있었다. 놀라는 친구에게 그 보석상이 설명해 주었다.

"이 보석은 오팔이라는 보석의 한 종류인데 이것을 우리는 교감의 보석이라고 부르지. 이 보석이 놀라운 아름다움을 내뿜기 위해선 단지 사람의 손에 꼭 잡혀 있기만 하면 되는 거야."

오팔이라는 보석은 수분을 함유한 산화 실리콘 덩어리, 곧 모래와 같은 성분의 물질에 불과하다. 그래서 수분이 빠져나가면 그냥 큰 모양의 덩어리 모래가 되고 만다. 이런 류의 오팔을 '보통단백석(common opal)'이라 부르는데 개중에 더러는 여러 가지 광물질이 함께 녹아 들어가 있어 수분의 출입이 다소 자유롭지 못해 정상적이지 못한 경우가 있다. 그것을 '귀(貴)단백석(precious opal)'이라 부르는데 그런 경우의 것은 사람 손이 닿으면 수분을 흡수하여 빛을 내는 교감 기능을 가진 것이 된다.

귀먹고 어눌한 자 하나가 예수께 나왔다. '어눌한 자'란 말을 하고는 싶으나 말이 잘 안나오는 사람을 말한다. 귀가 안들리니 말을 어떻게 해야 하는지 모르고 그래서 그 기능을 잃어버리게 된 것이다. 그런 그가 오늘 주님 예수 앞에 나왔더니 막혔던 귀가 열리고 말문이 열렸다. 그것은 그에게 새로운 세상이 열렸음을 뜻한다. 어떻게 그런 일이 생긴 것일까?

예수님은 치료하실 때 주로 말씀으로 하셨다. 그런데 이번엔 그를 직접 만지셨다. 그것은 그가 특별한 오팔 보석처럼 그래야만 할 대상이었기 때문이다. 그가 그렇게 예수께 특별한 이유는 정상적이지 않은 장애인이었고 이방인이었기 때문이다.

이 사람은 날 때부터 귀머거리가 아니었던 모양이다. 어느 날부터인가 귀가 안들리기 시작하더니 나중엔 전혀 들리지 않게 되어 말하는 것도 점차 잊게 된 것으로 알려져 있다. 그래서 어린아이가 자기가 원하는 것을 마음대로 표현할 수 없는 까닭에 저들의 요구가 제한되듯이 이 사람은 원래 타고난 능력과는 상관없이 더 이상의 지식도, 지혜도, 욕구도, 남녀 간의 사랑도, 부모자식간의 정감있는 언어도, 여름날의 태풍소리도, 지붕 위에 내리는 빗소리도, 늦은 가을 가랑잎이 소슬 바람에 끌려가는 소리도 그 안에서 발견되지 못하고 제한되어 있을 수밖에 없었던 것이다.

그에게 있어서 세상의 모든 것은 무언극인 셈이었다. 회당에서 드려지는 예배조차도 그랬다. 찬양의 감격도 그에겐 무의미했으며 기도의 특권도 없었고 무엇보다도 강단에서 선포되는 하나님의 말씀을 들을 수 없었다. 그것은 죄의 파괴적 역사의 결과였다. 사단이 유혹하고 인간이 동조함으로써 빚어진 결과로 말이다.

원래 하나님이 만드신 사람의 모습은 그게 아니었다. 하나님의 형상과 모양으로 지음받아 하나님의 말씀을 들으며 무한한 능력으로 세상을 다스리는 권세의 소유자였다. 주님은 자기 손으로 만드신 가장 고귀한 작품인 사람들이 원래의 모습과 기능을 잃고 이와 같이 고통당하는 모습을 보고 아파하시고 탄식하신다. 사랑하는 자녀가 망가져가는 모습을 보고 부모의 가슴이 무너져내리는 것처럼 말이다. 34절의 말씀이 그런 뜻이다.

"탄식하시며"

그러나 주님의 탄식은 단순한 연민과 잠 못이룸의 회한이 아니다. 그 탄식은 예수께서 깊은 곳에서 영으로 하시는 기도인 것이다.

이와 같이 성령도 우리 연약함을 도우시나니
우리가 마땅히 빌 바를 알지 못하나
오직 성령이 말할 수 없는 탄식으로
우리를 위하여 친히 간구하시느니라(롬8:26)

예수께선 그 탄식과 함께 그 사람의 귀와 혀에 손을 대셨다. 그리고 말씀하셨다.

"에바다!"

열리라는 뜻이다.   그러자 그의 귀가 열리고 혀가 풀려 다시 말하고 듣기 시작했다. 새 세상, 곧 예수의 나라가 그에게 열린 것이다.

사람 사이에선 무의미하고 무가치해 보이는 사람일수록 주님께는 더 특별한 연민과 탄식의 대상이 된다. 그래서 예수께선 그 앞에 나아온 그런 사람에게 한숨을 쉬시면서 손을 내밀어 만지신다. 그러면 그는 무지개 빛을 내는 'precious opal' 곧, 존귀한 단백석이라는 보석이 되는 것이다.

사생자로 알려진 다윗도 그런 은혜를 받았던 모양이다.

주의 구원으로 그 영광을 크게 하시고
존귀와 위엄으로 저에게 입히시나이다
저로 영영토록 지극한 복을 받게 하시며
주의 앞에서 기쁘고 즐겁게 하시나이다(시21:5,6)

험하고 높은 이 길을

엿새 후에 예수께서
베드로와 야고보와 요한을 데리시고
따로 높은 산에 올라가셨더니
저희 앞에서 변형되사 그 옷이 광채가 나며
세상에서 빨래하는 자가
그렇게 희게 할 수 없을 만큼
심히 희어졌더라(막9:2, 3)

내가 목회하면서 교인들에게 자주 했던 말이 있다.

"신약 성경에서 예수 믿고 부자 되고 자녀 잘되고 사업 잘되고 만사형통한 사람 있으면 딱 한 명만이라도 찾아오세요. 1억 드리겠습니다."

미국 철학자 존 듀이 박사가 이런 말을 했다.

"인간 본성에서 가장 심오한 욕구는 중요한 인물이 되려는 욕구이다."

심리학자 지그문트 프로이드 또한 같은 말을 했다.

"인간의 모든 행동에는 두 가지 동기가 있는데 그것은 성적인 욕구와 위대해지고 싶은 욕구이다."

이 말을 뒷받침하는 예는 얼마든지 있다. 배우지도 못하고 가난한 식료품 상점 점원이었던 사람이 50센트짜리 가재도구함의 밑바닥에서 법률 서적을 발견한 후, 열심히 공부했던 것은 중요한 인물이라는 느낌을 향한 욕구 때문이었다고 말한 사람이 있는데 그가 바로 링컨이다.

찰스 디킨스에게 불후의 명작을 쓰도록 영감을 불어넣은 것도 중요한 인물이라는 느낌을 향한 욕구였고, 건축가 크리스토퍼 렌 경이 돌을 재료로 자신만의 건물을 설계하도록 영감을 준 것도, 록펠러로 하여금 결코 쓰지도 못할 만큼 어마어마한 돈을 축적하도록 이끈 것도 그랬다는 것이다.

어디 그들 뿐일까? 이 욕구 때문에 우리들 또한 스타들이 입고 사용하는 것들을 잇템 삼고 차도 사고 지식도 축적하고 자랑도 한다.

그렇기 때문에 사람을 움직이고 모으고 인기를 얻으려면 앞서 내가 교인들에게 했던 말은 하지 말아야 한다. 사람의 기본적인 욕구를 꺾으면 그게 아무리 옳은 소리라 할지라도 논쟁으로는 결코 설득되지 않는다는 게 정설이기 때문이다. 그러면서 미국의 상담학자 데일 카네기는 이런 말을 했다.

"일하지 않고 생계를 유지하는 유일한 동물이 개라는 생각을 해본 적이 있는가? 암탉은 알을 낳고 젖소는 우유를 제공하고 카나리아는 노래를 한다. 그러나 개는 오직 여러분에게 사랑만 주면서 생계를 유지한다."

심하게 말하자면 개처럼 그저 꼬리만 흔들면 된다는 것이다.

예수와 제자들 간에 냉랭한 분위기가 감돌면서 대화가 끊긴 지 엿새가 지났다. 엿새 전 무슨 일이 있었던 것일까? 예수께서 제자들에게 이렇게 물으셨다.

"너희는 나를 누구라 하느냐?"

그러자 베드로가 대표로 자신있게 말했다.

"그리스도이십니다."

그러자 예수께서 제자들에게 자신이 십자가에서 죽으실 것과 사흘 만에 부활하실 것이라는 것, 그리고 그들도 그렇게 자기 십자가를 지고 예수를 좇아야 할 것이라고 하셨다. 이에 베드로가 화들짝 놀라며 그러시면 안된다고 펄쩍 뛰었고 이에 예수께서 불같이 화를 내시며 "사단아 뒤로 물러가라"며 매우 심하게 나무라셨던 것이다.

왜 나무라신 것일까? 욕구가 달랐던 것이다. 육의 욕구와 영의 욕구, 육을 위한 그리스도와 영을 위한 그리스도가 달랐고, 세상을 향한 욕구와 하나님 나라를 향한 욕구가 달랐던 것이다. 예수께서 이어서 하신 말씀을 보면 알 수 있다.

네가 하나님의 일을 생각지 아니하고
도리어 사람의 일을 생각하는도다(막8:33)

제자들, 이 말씀에 김이 확 샌 모양이다. 예수만 좇으면 영혼도 잘되고 범사도 잘될 줄 알았는데 그게 아니라며 돈을 사랑함이 일만 악의 뿌리라는 둥 예수 믿고 만사형통은 꿈도 꾸지 말라는 둥 하는 소리를 들은 것이다. 그래서 예수와의 냉전이 시작된 것이었다.

이에 시간이 조금 흐른 후 예수께서 제자들 중 가장 기가 센 세 명을 데리고 산으로 올라가신 것이다. 그리고 그곳에서 변형되사 햇빛보다 더 희고 영광스런 모습을 보이셨고 이미 오래 오래 전에 죽은 모세와 엘리야도 그곳에 함께 있음을 보이신 것이다.

거기서 제자들이 본 것은 무엇이었을까? 하나님 나라였다. 그들이 그리스도라고 고백했던 예수께서 주실 그 나라였던 것이다. 그곳이 얼마나 좋았던지 그들은 그곳에 그냥 머물러 함께 살았으면 좋겠다고 했다. 곧 그들이 진정 바라야 할 나라가 그곳에 있었던 것이다. 예수께서 엿새 전에 하신 말씀 그대로였다.

저희에게 이르시되
내가 진실로 너희에게 이르노니
여기 섰는 사람 중에 죽기 전에
하나님의 나라가 권능으로 임하는 것을
볼 자들도 있느니라 하시니라(막9:1)

인간 본성에서 가장 심오한 욕구는 중요한 인물이 되려는 욕구라는 말은 틀린 말이 아니다. 창세기 시작에서부터 나오는 말이기 때문이다. 하나님처럼 되고 싶어 선악과를 따먹은 아담과 하와를 보면 알 수 있기에 그런 것이다.

그러나 그 말은 자신의 왕국을 만들려는 사단의 말이었고, 하나님과 함께 사는 낙원 곧 하나님 나라를 잃게 하는 말이었다. 아담의 입장에선 영적 욕구가 아닌 육신적 욕구를 자극하고 충족시켜 주고 유혹을 뿌리치기 어려워 사단이 하는 말에 자기 속마음을 나타내는 말을 얹어서라도 좇고 싶은 말이었다.

사람을 설득하고 일을 하게끔 동기를 부여하고 인기를 끌고 모이게 하려면 절대 그들이 싫어할 말을 하지 말라고 데일 카네기는 '인간관계론'에서 말한다. 비록 상대방이 틀린 말을 하더라도 틀렸다고 하지 말고 그의 주장을 받아주고 오히려 칭찬해 주라고 한다. 교회식으로 말하자면 틀린 말을 해도 시험들 말을 하지 말아야 한다는 뜻이다.

그러나 그건 어디까지나 '육신적 시험'을 말하는 것이지 '영적 시험'을 말하는 건 아니다. 베드로처럼 듣기 싫은 말을 들어 시험에 들었다고 교회 안나오겠다고 해도 영적인 것은 영적으로 틀렸다고 말해줘야 하는 것이다. 불순한 의도로 달래고 어르고 하지 말고 말이다.

예수와 함께 변화산에 오르려면 그래야 한다. 아니면 산 아래 세상 나라에 그냥 머물다 심판받을 뿐이다. 예수께서 말씀하셨다.

실족케 하는 일들이 있음을 인하여
세상에 화가 있도다
실족케 하는 일이 없을 수는 없으나
실족케 하는 그 사람에게는
화가 있도다(마18:7)

이 세상을 예수의 제자가 되어 하나님 나라로 올라가는 순례자처럼 산다는 게 어디 그렇게 쉽기만 한 일일까? 너무 쉬운 일이라고 말하지 말자.

꼬리나 흔드는 강아지라면 모를까.

여기서 불러보고 싶은 노래가 있다. 찬송가 491장.

저 높은 곳을 향하여 날마다 나아갑니다
내 뜻과 정성 모아서 날마다 기도합니다
험하고 높은 이 길을 싸우며 나아갑니다
다시금 기도하오니 내 주여 인도하소서
내 주여 내 맘 붙드사 그 곳에 있게 하소서
그 곳은 빛과 사랑이 언제나 넘치옵니다

부족한 것 한 가지

예수께서 그를 보시고 사랑하사 가라사대
네게 오히려 한 가지 부족한 것이 있으니
가서 네 있는 것을 다 팔아
가난한 자들을 주라
그리하면 하늘에서 보화가 네게 있으리라
그리고 와서 나를 좇으라 하시니(막10:21)

이문열 씨의 소설 『하늘길』의 일부를 간추려 소개하면 이렇다.

옛날 옛적에 어느 마을에 한 가난한 집안이 있었는데 어찌나 가난했던지 사는 움막은 이엉을 제대로 얹지 못해 눈비가 오면 식구대로 습기 찬 동굴이나 속 빈 고목 등걸을 찾아 들어야 했다. 입성도 사는 집 만큼이나 변변치 못해 그들이 걸친 헤진 베는 겨울의 찬바람을 막아주기는커녕 여름의 따가운 햇살조차 가리지 못했고 먹는 것이라고 더 나을 것이 없었다.

때로는 개똥에 남아있는 삭이지 못한 쌀알을 씻고 일어 곱삶아먹고 부잣집 쇠여물 솥을 행궈 그 물을 국 삼아 마셔야 할 정도였다.

원래 가난은 있기 마련이고 가난은 대개는 두 가지 길로 온다. 하나는 게으름, 또 하나는 헤픔. 그리고 더러 말하기를 몹쓸 짓을 한 사람에게 벌로 온다고들 한다.

그런데 그 집엔 그런 식구들이 없었다. 모두 알뜰하고 부지런하고 착했다. 그런데도 그들은 가난을 못이겨 하나둘씩 죽기 시작해 아홉 식구이던 그 집안엔 아버지와 막내아들 둘만 남게 되었다. 어느 날 여러 날을 굶고 떨던 끝에 아버지마저도 숨이 넘어가고 있었다. 바로 그때, 이들 부자 간의 마지막 대화가 시작되었다.

"아버지, 우리 식구들은 모두가 왜 이렇게 모두 비참하게 죽어가야 하나요?"

"가난하기 때문이다."

"그럼 우린 왜 이리 가난한가요?"

"받은 복이 적어서니라."

"그러면 복은 누가 나눠주나요?"

"옥황상제께서 나눠주느니라."

"어떻게 나눠주나요?"

"착한 사람에게 많이 준다는 말도 있고 부지런한 사람에게 많이 준다는 말도 들었다. 하지만 사실 나는 잘 모르겠다. 내가 평생 본 바로는 꼭 그렇지도 않았으니까."

아버지의 숨이 가빠지자 아들이 다급하게 물었다.

"옥황상제님은 어디 있나요?"

"하늘에 있다고 들었다."

아들은 아버지를 양지바른 곳에 묻고는 하늘에 산다는 옥황상제를 만나러 길을 떠났다. 가는 길에 하늘길을 찾아 나섰다가 모두 실패한 많은 사람들을 만난다. 백면서생, 도사, 용이 되어 하늘에 오르려다 만 이무기 등. 그 청년은 처음엔 지평선과 하늘과 맞닿아 있는 곳에 하늘길이 있을 것 같아 그리로도 가보고 하다가 이윽고 산꼭대기로 올라가 하늘에 맞닿을 듯이 가장 가까운 곳에 올라 어찌어찌하다 옥황상제를 만나게 되었다. 그는 왜 자기 가족만이 그렇게 복이 없었는지 이유를 물었다. 그러자 옥황상제가 말했다.

"여기까지 와서 내게 묻는 것이 세상에서 먹고사는 그런 하찮은 일이었느냐?"

이에 젊은이가 항변했다.

"상제님께서 조금이라도 피와 살을 가진 목숨붙이의 괴로움과 고단함을 아신다면 차마 그리 말씀하시지는 못할 것입니다. 비록 백 년도 못견뎌 스러질 몸이라 하나 그 한 몸에 실린 한이 어떤 것인지 아시는지요? 영혼이 깃들어 산다는 그 집을 지키기 위해 얼마나 수고로워야 한다는 걸 잊으셨는지요? 그래서 백 년도 못가는 그 집 때문에 그 영혼이 얼마 만큼이나 뒤틀어지고 부스러질 수 있는지를 모르십니까? 그런데 그 집인 몸을 지켜나가는 데 없어서는 안될 것이 재물입니다. 그럼에도 그 재물의 복을 하찮다고 말할 수 있습니까?"

"어허 그러한가? 내가 너무 오래 너희 몸을 잊고 있었다."

옥황상제가 왜 그 젊은이의 집안이 그렇게 가난하게 살게 되었는지 확

인해 보니 하늘나라 관료들이 복을 나눠줄 때 그만 실수로 그랬다는 것이었다.

이 이야기에 나오는 옥황상제는 사람이 아니고 신이다. 그래서 사람 사는 이야기를 잘 모르고 남 이야기하듯 한다.

그런데 예수는 사람이다. 동시에 하나님이시다. 그래서 가난과 부요함의 문제에 대해서도 체득하는 바가 다르고 이야기하는 바가 다를 수밖에 없다.

그 예수께서 한 부자 청년에게 가진 재물을 가난한 사람들에게 나눠주지 않으면 영생을 얻을 수 없고 하나님 나라에 들어올 수도 없다고 하셨다. 낙타가 바늘 귀를 통과하는 것만큼 어렵다고 하시면서.

그런데 그것은 바늘구멍 만큼의 가능성이라도 있다는 말씀이 아니다. 그런 일은 사실상 불가능하다는 말이다. 그런 까닭에 상위 1%의 부자들은 물론이거니와 적어도 배는 곯지 않고 자가용이라도 굴리며 주일이면 교회 예배에 참석하는 사람에게조차도 뭔가 찜찜하고 김새는 말씀이다.

그 뿐이 아니다. 구원과 영생은 하나님 보시기에 더러운 걸레 같은 우리의 의와 공로로 얻을 수 있는 게 아니고 그 걸레를 눈보다 더 희게 하시는 대속 제물의 피, 곧 예수의 십자가 은혜로만 얻을 수 있다 하셨다.

'여기 내 형제 중에 지극히 작은 자 하나에게 한 것이 곧 내게 한 것이 니라(마25:40)' 하시며 선행의 공로로 하나님 우편의 양 무리에 속하여 영생의 처소로 인도하실 것처럼 말씀도 하셨고 또 이런 말씀도 하셨다.

불의의 재물로 친구를 사귀라
그리하면 그 재물이 없어질 때에
그들이 너희를 영주할 처소로 영접하리라(눅 16:1-9)

또 있다. 마가복음 14장에 나오는 한 여인이 예수의 발에 향유를 부은 사 건이다. 향유는 그 여인의 전 재산에 해당하는 300데나리온의 값이었고 이에 제자들 중 일부가 그 비싼 걸 왜 발에 붓느냐며 팔아 가난한 자들에 게 주어야 한다고 하자 예수께서 가난한 자는 항상 있는 것이고 나는 곧 죽을 텐데 나를 위해 쓰는 게 그렇게 아깝냐고 하셨다.

그리고는 더 헷갈리는 말씀을 하셨다.

"하나님으로서는 다 하실 수 있느니라"

제자들이 그 말씀에 놀라는지라
예수께서 다시 대답하여 가라사대
얘들아 하나님의 나라에 들어가기가 어떻게 어려운지

약대가 바늘귀로 나가는 것이
부자가 하나님의 나라에 들어가는 것보다 쉬우니라 하신대
제자들이 심히 놀라 서로 말하되
그런즉 누가 구원을 얻을 수 있는가 하니
예수께서 저희를 보시며 가라사대
사람으로는 할 수 없으되
하나님으로는 그렇지 아니하니
하나님으로서는 다 하실 수 있느니라(막10:24-26)

하나님으로서는 다 하실 수 있다는 이 말씀, 구원에 예외 조항이라도 있다는 말씀인가?

자식에게 있어서 부모는 삶의 통로일 뿐이다. 이 세상에 삶을 주고 먹이고 입히고 가르치고 길러내는 통로. 그러나 부모에게 있어서의 자녀는 자기 분신이고 생명이다. 내 첫 아이인 딸이 아주 어렸을 적 기관지염으로 몹시 기침을 한 적이 있었다. 밤새 가르랑거리는 소릴 들으며 내 가슴이 쥐어짜이는 것 같았고 차라리 내가 대신 아팠으면 했다. 부모가 되기 전엔 알 수 없는 그런 경지가 있는 것이다.

때문에 자녀는 부모에게 효도라는 윤리로 대하는 걸로 끝나지만 부모에게 자녀는 끝없는 사랑이고 생명인 것이다. 거기에 윤리적 헌신과 사랑의 헌신의 차이가 있다. 윤리적 헌신은 배반할 수도 있고 언제고 버려질 수도 있지만 사랑의 헌신은 버려질 수가 없고 자기 생명이라도 주게 되

는 것이다. 그렇기 때문에 부모는 자녀들 간의 관계 또한 그런 입장에서 보게 되는 것이다. 부모 자신의 분신끼리의 관계로 말이다. 잘사는 자식이 못사는 자식에게 서로 자기 분신처럼 그렇게 대해 주길 바라는 것이다. 그럴 때 부모는 자식의 사랑을 받고 있다고 생각하는 것이다. 윤리적인 것이 아닌 사랑으로, 율법적이 아닌 은혜로 말이다.

흠잡을 데 없이 율법적인 삶을 산 부자 청년에게 예수께서 하신 말씀의 본질이 그런 뜻이다. 가난한 자, 그들 또한 내 자녀들이다. 네 형제자매인 그들에게 옥황상제의 분배가 아닌 십자가로 너희의 고통을 대신해 죽기까지 한 나의 사랑으로 대해줘라. 내가 네게 맡긴 재물로 말이다. 율법 말고 사랑으로. 너희의 창조자인 나에게도.

예수께서 부활하신 후 갈릴리에서 만난 베드로에게 하신 말씀이 그것이었다.

"네가 날 사랑하느냐?"

내 수석 제자였던 네가 십자가 앞에선 세 번씩이나 날 부인했던 이유가 무엇이었느냐는 물으심이다. 네가 날 사랑했다면 도망치지도 배반하지도 버리지도 않았을 것이란 의미이다. 사랑이 아니면 진정한 헌신이 불가능하다는 말씀이다. 예수께도, 가난한 자에게도, 병든 자에게도. 십자가에서 죽으셨던 예수 자신의 헌신이 그랬던 것처럼 그래야 한다는 것이다. 그 사랑 안에서 하나님의 모든 요구가 이뤄지는 것이다. 우리에겐 자칫 부족하기 쉬운 한 가지가 그것이라는 말씀이다. '하나님으로서는 다 하실 수 있느니라' 가 그런 뜻이다.

마가의 에필로그

영생을 구하여 예수께 나아왔던 이 부자청년, 재물을 더 사랑했고 그래서 그 재물을 맡기신 이가 요구하신 사랑의 헌신의 기회를 거부하고 슬픈 기색을 띠고 근심하며 가버림으로(막10:22) 잠시 사는 이 세상을 택했고 하나님이 주시려 했던 영원한 하나님 나라를 소유하지 못했다. 하지만 그날 그곳에 있었던 제자들은 훗날 온 천하에 다니며 만민에게 복음을 전파하며(막16:15) 그들이 상속받은 바 그 부요한 영원한 하나님 나라와 예수의 사랑을 나누기 시작한 기사로 마가복음은 끝이 난다.

재물이나 복음이나 권세나 나눌 수 있는 그 어떤 것이라도 나눌 수 있어야 하되 율법이나 윤리나 의무나 조항이 아닌 사랑으로 나누라는 말씀이다. 예수께서 지극히 작은 자에게 한 것이 곧 내게 한 것이란 말씀이 그것이고, 불의한 재물로 친구를 사귀란 말씀도 그것이고, 향유를 예수의 발에 부은 여인의 이야기도 그 말씀이고, 네 있는 것을 다 팔아 가난한 자들에게 주라는 것도 그 말씀이다. 그렇게 하늘에 쌓이는 게 '사랑의 공로'라는 것이고 그것이 우리를 낙타가 바늘귀를 통과하듯이 하나님 나라로 들어가게 한다는 말씀이다. 그리고 자칫 우리가 잘못 알고 있어 혼란스럽기도 하고 부족하기 쉬운 것이 그것이라는 말씀이기도 하고 말이다.